池田先生の95年
師弟の力はかくも偉大

潮出版社

はじめに

九十五年で幕《まく》となった池田大作先生の人生。それは、妙法《みょうほう》の師弟の道に徹《てっ》するとき、人間はここまで偉大《いだい》になれると、証明した一生であった。

聖教新聞では、池田先生の逝去《せいきょ》直後から、「師弟の力《ちから》はかくも偉大――池田先生の95年」と題し、その巨大な足跡《そくせき》を六回にわたって緊急《きんきゅう》に特集した。本書はその内容に一部加筆《かひつ》したものである。

第1章は「戸田門下生の誉《ほま》れ」。恩師・戸田城聖《じょうせい》先生との出会いから第三代会長就任《しゅうにん》までの、死身弘法《ししんぐほう》の青春時代を描《えが》く。

第2章は「民衆凱歌《がいか》へ　不惜《ふしゃく》の激励行《げきれいこう》」。第三代会長就任以来、日本全国の津々浦々《つつうらうら》に刻《きざ》まれた同志との共戦のドラマを追う。

第3章は「世界に続く励《はげ》ましの道」。創価の連帯《れんたい》がいかにして一九二カ国・

地域へと広がったのか。その大河《たいが》の源流《げんりゅう》に、先生の遠望《えんぼう》と戦いがあったことを確認する。

第4章は「人類の宿命転換《しゅくめいてんかん》への挑戦《ちょうせん》」。戦火《せんか》の青春をくぐり抜《ぬ》けた先生が恩師の不戦の松明《たいまつ》を継《つ》ぎ、世界に平和と対話の行動を起こした歩みを紹介《しょうかい》する。

第5章は「命を削《けず》るペンの闘争《とうそう》」。時に法悟空《ほうごくう》として、時に桂冠詩人《けいかんしじん》として、命の燃《も》え尽《つ》きるまで、師子吼《ししく》の言葉を放《はな》ち続けた先生の言論闘争に迫《せま》る。

第6章は「わが最終の事業は教育」。日本と世界に創価教育の学びやを創立し、平和の建設と社会の発展に貢献《こうけん》する人材を育《はぐく》んできた軌跡《きせき》をつづる。

もちろんこれらは、先生の多岐《たき》にわたる偉業《いぎょう》の一端《いったん》を示したものに過ぎないが、本書を手に取る全ての人が、師弟という無限にして無窮《むきゅう》の力を知り、「人間革命」と「世界平和」の大道《だいどう》をいやまして強く明るく進みゆく一助《いちじょ》になることを願ってやまない。

聖教新聞社

イギリス・ウィンザーの道（池田大作先生撮影）

道をつくる人がいる
道をこわす人がいる
道を歩み続ける人がいる
道から外《はず》れる人がいる
私は、道を開く人でありたい
私は、道を歩み通す人でありたい
どこまでもどこまでも
歩み抜き、走り抜いて
もしや途上に倒れるとも
荒野《こうや》の土になろうとも
わが道に続く若人《わこうど》を信ずるゆえに
私には悔《く》いはない

（池田先生の言葉から）

池田大作先生

池田先生の95年　師弟の力はかくも偉大●目次

第1章

戸田門下生の誉《ほま》れ

大樹《たいじゅ》を求めて

それは、一人の人間革命を基軸《きじく》として世界平和の建設に貢献《こうけん》する、未曾有《みぞう》の民衆運動が胎動《たいどう》した瞬間《しゅんかん》だった。

一九四七年（昭和二十二年）八月十四日、池田大作先生は戸田城聖《じょうせい》先生と運命的な邂逅《かいこう》を果《は》たした。

この日、池田先生は小学校時代の同級生に誘《さそ》われて、東京・大田区での座談会に参加。会場に到着すると、戸田先生が日蓮大聖人の「立正安国論《りっしょうあんこくろん》」を講《こう》義《ぎ》していた。

戦後の荒廃《こうはい》した社会の中で、「正しい人生」を求めていた十九歳の池田先生は、恩師の人格に触《ふ》れて、「我《われ》、この師に続かむ。我、この道を進まむ」と、師事することを決めた。特に池田先生が深く感動したのは、恩師が日本の国家主義と戦い、獄中闘争《ごくちゅうとうそう》を貫《つらぬ》いたことだった。

座談会の場で、池田先生は感謝の即興詩《そっきょうし》を詠《えい》じた。

「旅びとよ　いずこより来《きた》り　いずこへ往《ゆ》かんとするか」

「嵐《あらし》に動かぬ大樹《たいじゅ》求めて　われ　地より湧《わ》き出《い》でんとするか」

法華経に説《と》かれる「地涌《じゆ》の菩薩《ぼさつ》」を連想させる詩を聞いた戸田先生は、にっこり微笑《ほほえ》んだ。十日後の八月二十四日、池田先生は入信。「人間革命」即《そく》「世界平和」のドラマが幕《まく》を開けた。

窮地《きゅうち》の中での構想

一九四九年（昭和二十四年）一月三日、池田先生は戸田先生が経営する出版社・日本正学館に初出社。やがて少年雑誌《ざっし》「冒険《ぼうけん》少年」（後《のち》に「少年日本」と改題）の編集長となる。

ところが、戦後の経済不況の影響《えいきょう》で出版事業は行き詰《づ》まり、同年十月に、「少年日本」の休刊が決まった。

戸田先生は再起を図《はか》って、信用組合を設立。だが五〇年（同二十五年）八月、業務停止命令を受ける。池田先生は日記に記《しる》した。「私は再び、次の建設に、（戸田）先生と共に進む。唯《ただ》これだけだ。前へ、前へ、永遠に前へ」

池田先生の入信三周年の同年八月二十四日、恩師は学会の理事長辞任《じにん》の意向を発表した。

手のひらを返したように、恩師を罵倒《ばとう》し、去っていく人間もいる中で、池田先生はただ一人、支え抜《ぬ》いた。

絶体絶命の窮地《きゅうち》の中で、戸田先生は池田先生に、聖教新聞の創刊や創価大学の設立の構想を語っている。

この五〇年の秋から、戸田先生は、池田先生を中心に、何人かの代表に御書《ごしょ》講義を開始した。翌《よく》年二月からは、古今東西《ここんとうざい》の名著《めいちょ》などを題材とした講義も行

戸田城聖先生のもとで、「冒険少年」「少年日本」の編集長を務め、
奮闘していた若き日の池田先生

うが、それは、池田先生への学問万般《ばんぱん》にわたっての個人教授となった。

この「戸田大学」の講義は、五七年（同三十二年）まで続いた。先生は後に、数多くの大学・学術機関から名誉学術称号を授与《じゅよ》される。「すべては戸田大学の薫陶《くんとう》の賜物《たまもの》」と、恩師への深き感謝を述べている。

苦楽を分けあう縁《えにし》

信用組合の整理は、至難《しなん》を極《きわ》めた。戸田先生は一部の債権者《さいけんしゃ》から告訴《こくそ》され、逮捕《たいほ》さえされかねない状況《じょうきょう》だった。

だが、一九五一年（昭和二十六年）二月、事態が好転する。組合員の総意がまとまるなら、信用組合を解散してもよいという通達が、大蔵省《おおくらしょう》（当時）から届《とど》いたのである。

同年三月十一日、信用組合は解散。この日の創価学会の臨時《りんじ》総会で、戸田先生は宣言《せんげん》した。

「一国広宣流布《こうせんるふ》の秋《とき》は今であります。既《すで》に、東洋広宣流布の兆《きざ》しも現れた。仏勅《ぶっちょく》を被《こうむ》った創価学会の闘士《とうし》こそ、先陣《せんじん》を切って進むべき時が、遂《つい》に来たのであります」

恩師の師子吼《ししく》に、池田先生は歓喜し、同志と共に折伏《しゃくぶく》に駆《か》けた。そして、自《みずか》らの先駆《せんく》の弘教《ぐきょう》で、五月三日、戸田先生の第二代会長就任《しゅうにん》を荘厳《そうごん》したのである。

戸田先生は記念写真の裏《うら》に和歌をしたためて、池田先生に贈《おく》った。

「現在も　未来も共に　苦楽をば　分けあう縁《えにし》　不思議なるかな」

弟子の証《あか》し

第二代会長就任式の席上、戸田先生は七十五万世帯の弘教を宣言した。

当時の会員数は約三〇〇〇人。〝戸田先生は長生きされるのだろう〟と考える幹部もいたほど、誰《だれ》もが〝夢物語《ゆめものがたり》〟と捉《とら》えた。広布は遅々《ちち》として進まなかった。一九五一年（昭和二十六年）十二月の弘教は、全国で四六六世帯。七十五万世帯は、はるか遠い未来に思えた。

その「壁《かべ》」を破《やぶ》ったのが、池田先生である。翌五二年（同二十七年）一月、蒲田《かまた》支部の支部幹事の任命を受けると、二月には一カ月で支部二〇一世帯の弘教を達成。ここから、学会の前進は勢いを増す。

五三年（同二十八年）は学会の歴史の中にあって、一段と弘教が加速した年。五万世帯の弘教を年間目標として掲《かか》げ、それを成《な》し遂《と》げる。

この年の拡大の原動力となったのも、池田先生の戦いだった。同年一月、先生は男子部第一部隊の部隊長に就任。一年間で三倍の人材拡大を果《は》たす。四月には文京支部の支部長代理に。低迷《ていめい》する同支部を第一級の支部へと躍進《やくしん》させていく。

1951年5月3日、
会長就任の日の戸田先生

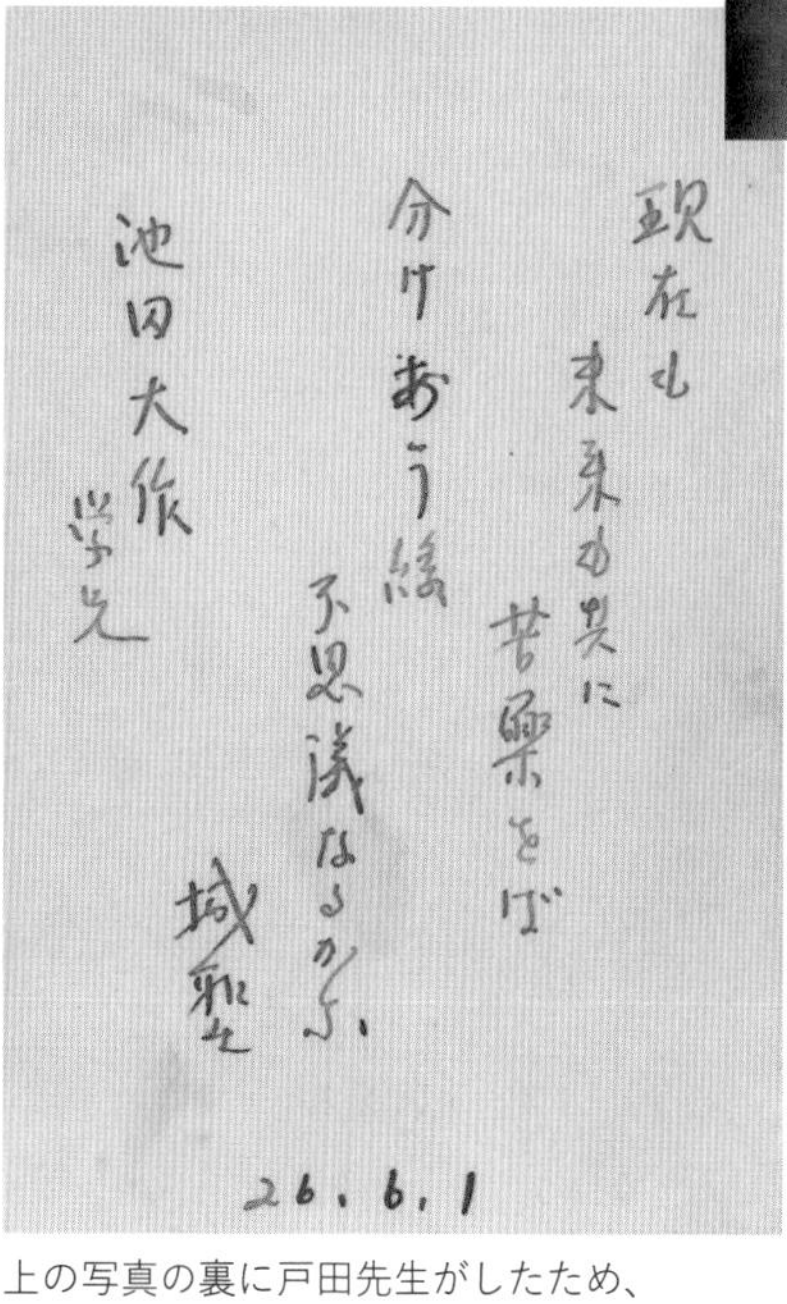
現在も
未来も共に
苦楽をば
分けあう縁
不思議なるかな
城聖
池田大作
学兄
26.6.1

上の写真の裏に戸田先生がしたため、
池田先生に贈った和歌

その後も、先生は各地で、弟子としての勝利の証《あか》しを示していった。五五年（同三十年）八月、札幌を舞台に十日間で三八八世帯という全国一の拡大を達成。翌五六年（同三十一年）五月、大阪で支部一万一一一一世帯の弘教という不滅《ふめつ》の金字塔《きんじとう》を打ち立てる。参院選大阪地方区の支援責任者として、七月には学会が支援する候補者を当選させる。「〝まさか〟が実現」と世間を驚嘆《きょうたん》させる大逆転劇《げき》だった。同年十月からは山口で指揮《しき》を執《と》り、延べ二十二日間で当時の世帯数を約十倍に拡大した。

人権闘争《とうそう》の誓《ちか》い

民衆の幸福と世界の平和を建設する、ＳＧＩ（創価学会インタナショナル）の新しきヒューマニズム運動は今、地球を包《つつ》む。

その大潮流《だいちょうりゅう》の源泉は、牧口常三郎《つねさぶろう》先生、戸田先生の獄中闘争《とうそう》にあり、一九五七年（昭和三十二年）に起こった「大阪事件」での、池田先生の人権闘争の誓《ちか》いにあったといえる。

同年七月三日、先生は参院補選での公職選挙法違反《いはん》という事実無根《むこん》の容疑《ようぎ》で不当逮捕《たいほ》・勾留《こうりゅう》される。四年半に及ぶ法廷《ほうてい》闘争の末、六二年（同三十七年）一月二十五日、大阪地裁の無罪判決を勝ち取り、正義は証明された。

先生は「大阪事件」の構図や背景、また事件そのものが学会の歴史の中で持つ意味について、小説『人間革命』第十一巻に詳細に書き残している。

この第十一巻が聖教新聞で連載《れんさい》終了を迎えたのは、九一年（平成三年）十月。翌月、学会は日顕宗《にっけんしゅう》から「魂《たましい》の独立」を果《は》たす。そして、九二年（同四年）を「創価ルネサンスの年」と定め、世界宗教としての飛翔《ひしょう》を開始した。

先生は「第十一巻に記した広布の軌跡《きせき》は、やがて、この『創価ルネサンス』の大河の流れを形成する、渓谷《けいこく》を走る奔流《ほんりゅう》の時代であったとの感を深くしている」と。三十五年前の「大阪事件」の歴史をつづることによって、「創価ルネサンス」の意義を明確にし、さらには現在までの世界広布の流れをも決定づけていくのである。

魔性《ましょう》を破る闘争

「核《かく》あるいは原子爆弾《げんしばくだん》の実験禁止運動が、今、世界に起こっているが、私はその奥《おく》に隠《かく》されているところの爪《つめ》をもぎ取りたいと思う」

一九五七年（昭和三十二年）九月八日、横浜・三ツ沢の競技場で行われた青年部の「若人《わこうど》の祭典」の席上、戸田先生の烈々《れつれつ》たる叫《さけ》びが轟《とどろ》いた。

「もし原水爆《げんすいばく》を、いずこの国であろうと、それが勝っても負けても、それを使用したものは、ことごとく死刑にすべきであるということを主張するものであります」

当時、世界は東西冷戦下《とうざいれいせんか》にあり、「核抑止論《かくよくしろん》」のもと軍拡《ぐんかく》競争がエスカレート。

横浜・三ツ沢の競技場で行われた「若人の祭典」に出席する戸田先生と池田先生（1957年9月8日）

核実験が繰り返されていた。

　人類を一瞬で滅《ほろ》ぼす核兵器を廃絶《はいぜつ》するため、戸田先生は青年への〝遺訓《いくん》の第一〟として、「原水爆禁止宣言」を発表したのである。

　生命尊厳《せいめいそんげん》を第一義とする仏法者として、戸田先生は死刑《しけい》制度には反対だった。それでも、あえて「死刑に」と強調したのは、民衆の生存の権利を脅《おびや》かしてでも原水爆を保有し、使用したいという人間の〝己心《こしん》の魔性《ましょう》〟を絶対悪と断じるためである。

宣言の発表から二カ月後の同年十一月、戸田先生は広島を訪れることにした。だが、すでに体の衰弱《すいじゃく》は激しく、出発の日の朝、自宅で倒れてしまう。それでも広島に行くと言って譲らなかった。池田先生は、当時のことを振り返っている。

「(戸田)先生の被爆地《ひばくち》・広島への思いは、いかばかりであったろうか。核兵器という『サタン(悪魔)の爪』に破壊された広島へ、命と引きかえで出発する覚悟《かくご》だった」

「生命を賭《と》して、広島行きを望《のぞ》まれた、あの師の気迫《きはく》は、生涯《しょうがい》、わが胸《むね》から消えることはない。いな、それが、私の行動の原点になった」

戸田先生は、数日後(同月二十三日)、原水爆禁止宣言をテーマにした女子部総会に出席する予定だった。総会には、恩師の名代《みょうだい》として、池田先生が出席し、宣言の精神の継承《けいしょう》を呼びかけた。

池田先生は生涯にわたって宣言の精神を、世界の識者《しきしゃ》との語らいや平和提言などで訴《うった》え続け、核兵器廃絶の実現に全精魂《ぜんせいこん》を注《そそ》いだ。

宣言の発表六十周年となる二〇一七年（平成二十九年）、国連で一二二カ国の賛同を得て「核兵器禁止条約」が採択《さいたく》。二一年（令和三年）、五十カ国の批《ひ》准《じゅん》を得《え》て発効《はっこう》した。

宗教界の王者

一九五八年（昭和三十三年）三月、戸田先生は池田先生に、「将来のために、広宣流布の模擬試験《もぎしけん》、予行演習《よこうえんしゅう》となる式典《しきてん》をしようじゃないか！」と語った。

三月十六日のその式典には、当時の首相が来訪《らいほう》する予定だった。しかし、周囲からの横やりで、当日になって欠席を連絡してきた。戸田先生は〝青年たちとの約束を破《やぶ》るのか〟と憤《いきどお》るが、「だれが来なくても、青年と大儀式《だいぎしき》をやろうではないか！」と池田先生らに語った。式典は、男女青年部六〇〇〇人が集《つど》って意気高く開かれた。

前年十二月、生涯の願業《がんぎょう》である七十五万世帯の弘教を達成していた戸田先生は、既《すで》に革靴《かわぐつ》が履《は》けないほどの状態だった。それでも、〝創価学会は宗教界の王者である〟と師子吼《ししく》し、後事《こうじ》の一切《いっさい》を池田先生に託《たく》した。

「3・16」の後、宗門の堕落《だらく》の兆候《ちょうこう》を感じとった戸田先生は、「追撃《ついげき》の手をゆるめるな」と強調《きょうちょう》した。学会の前進を攪乱《かくらん》し、阻《はば》もうとする勢力には一歩も退《しりぞ》くことなく、徹底《てってい》して戦い抜くことを厳命《げんめい》したのである。池田先生は、この遺《ゆい》言《ごん》を、青年部の、さらには学会の厳訓《げんくん》として、繰り返し語ってきた。

「3・16」から十七日後の四月二日、戸田先生は五十八歳で生涯の幕を閉じた。四月二十九日、先生がつづった文にはこうある。

「戦おう。師の偉大さを、世界に証明するために。一直線に進むぞ。断じて

池田先生と戸田先生が力強く学会歌の指揮を執る（1958年3月、静岡で）

戦うぞ。障魔《しょうま》の怒濤《どとう》を乗り越えて。本門《ほんもん》の青春に入る」

不二《ふに》の心で

戸田先生の逝去《せいきょ》後、世間の一部は「学会は空中分解する」などと中傷《ちゅうしょう》した。批判《ひはん》の嵐《あらし》が激しくなるほど、池田先生は戦う魂を燃え上がらせた。

「私の一生は、戸田先生の遺言《ゆいごん》ともいうべき構想を、叫び、戦い、達成することだ。これだけが、私のこの世の使命だ」（一九五八年七月六日の日記）

恩師亡き後、恩師と不二《ふに》の心で、池田先生は広布の一切の責任を担《にな》い、友に励《はげ》ましを送り続けた。

一九六〇年（昭和三十五年）五月三日、創価学会第三代会長に就任すると、若き戸田先生の分身は、恩師の構想実現のために、いよいよ世界を駆《か》け巡《めぐ》っていく。

歓喜の第3代会長就任式の終了後、青年たちが池田先生を胴上げで祝福
（1960年5月3日、東京・日大講堂〈当時〉で）

第2章

民衆凱歌《がいか》へ　不惜《ふしゃく》の激励行《こう》

青年会長の誕生

第三代会長就任式《しゅうにん》は一九六〇年（昭和三十五年）五月三日、東京・両国の日大講堂（当時）で行われた。午前十時半過ぎ、池田先生がタクシーから降り立つ。黒のモーニングは戸田先生の形見《かたみ》である。

就任式は正午《しょうご》に開会した。音楽隊による学会歌の演奏《えんそう》が轟《とどろ》く中、池田先生が入場。途中、先生は歩みを止め、前方に高く掲《かか》げられた戸田先生の遺影《いえい》を見上げた。

壇上《だんじょう》に立った池田先生は、力強く第一声を放《はな》った。

「若輩《じゃくはい》ではございますが、本日より、戸田門下生を代表して、化儀《けぎ》の広宣流布《こうせんるふ》を目指し、一歩前進への指揮《しき》を執《と》らせていただきます！」

参加者は、場内外で二万余人。雷鳴《らいめい》のような拍手が包《つつ》む。全同志が待ちに待

第3代会長就任式に臨む池田先生の胸に、香峯子夫人が「會長」の胸章を。ここから広宣流布への新たな大前進が始まった（1960年5月3日、東京・日大講堂〈当時〉で）

った、三十二歳の青年会長の誕生であった。

席上、池田先生は、戸田先生の遺言《ゆいごん》である三〇〇万世帯を、四年後の七回忌《き》までに成《な》し遂《と》げようと呼びかけた。

これが、「第五の鐘《かね》」の具体的な目標となった。

「七つの鐘《かね》」構想

七年ごとに広布前進のリズムを刻《きざ》む「七つの鐘」――池田先生がこの構想を発表したのは、戸田先生の逝去《せいきょ》から一カ月後の一九五八年（昭和三十三年）五月三日。当時、一部マスコミは「壊滅寸前《かいめつすんぜん》の創価学会」などと書き立てていた。

そうした中、悲しみに沈《しず》む同志にどう希望を送ればいいのか。池田先生はただ一人、思索《しさく》を重ねていた。

当時の日記には、こう記《しる》されている。

「ひとり二十年後の学会を、考えゆく。心労《しんろう》あり。苦衷《くちゅう》あり」(四月三十日)

熟慮《じゅくりょ》の末、五月三日の「七つの鐘」構想の発表となる。

これは、戸田先生が生前《せいぜん》、「七年を一つの区切りとして広宣流布の鐘を打ち、『七つの鐘』を打ち鳴らそう!」と語っていたことから、着想《ちゃくそう》したものであった。

「第一の鐘」は、三〇年(同五年)の学会創立から創価教育学会が正式に発《ほっ》足《そく》した三七年(同十二年)までの七年。

「第二の鐘」は、四四年(同十九年)の牧口先生の逝去までの七年。

「第三の鐘」は、五一年(同二十六年)の戸田先生の第二代会長就任まで。

「第四の鐘」は、戸田先生が生涯《しょうがい》の願業《がんぎょう》であった会員七十五万世帯を成就《じょうじゅ》し、逝去する五八年までの七年である。

その上で、我らは、このリズムのままに七年また七年、未来を見据《みす》えて「第五の鐘」「第六の鐘」と勇気と確信をもって進み、「第七の鐘」が鳴り終わる二十一年後を目指して戦おうとの宣言である。

この壮大な指標《しひょう》は、同志が前を向く大きな力《ちから》となった。

そして学会は「第五の鐘」の目標である三〇〇万世帯を早くも六二年（同三十七年）に達成。「第六の鐘」で七五〇万世帯を突破し、「七つの鐘」が鳴り終わる七九年（同五十四年）には、日本の広布の基盤《きばん》が整った。

一期一会《いちごいちえ》の励《はげ》まし

「学会がここまで発展してきたのは、なぜでしょうか」

ある識者の質問に、池田先生は「一人を大切にしてきたからです」と答えている。

それは、先生の人生そのものであった。

先生は未来への指標を示すだけでなく、全同志が幸福勝利の人生を歩めるよ

本陣なるがゆえに、東京、第2総東京に最も期待し、最も厳しく薫陶した先生。第1回東京総会に当たって、「七つの鐘」のオブジェを打ち鳴らす（2001年4月、巣鴨の東京戸田記念講堂で）

石垣島で八重山祭の輪の中へ。最も戦火に苦しんだ沖縄を、平和の幸福島にするために、先生は駆け巡った（1974年2月）

う、自ら動き、渾身《こんしん》の励《はげ》ましを送り続けた。一人一人と共戦《きょうせん》の絆《きずな》を結《むす》んだ。

一九六五年（昭和四十年）三月二十二日、宮城・仙台市で地区部長会が開かれた後のこと。先生の手は赤く腫《は》れ上がった。約六〇〇人の参加者全員と、二時間にわたって握手《あくしゅ》したからだ。手に痛《いた》みが走り、万年筆《まんねんひつ》を握《にぎ》ることすらできなくなった。

八日後には、長野の地区部長会が予定されていた。

〝生涯の原点となる出会いをつくってあげたい〟

その一心で握手に代わる激励《げきれい》として考えられたのが、記念撮影《さつえい》だった。

後《のち》に、先生はこうつづっている。

「できうるならば、全国の地区の柱として立つ、壮年・婦人・男子・女子・学生の中心者の方々全員と握手をして、励ましたい。しかし、それは、時間的にも次第に困難になっていった。そこで智慧《ちえ》を絞《しぼ》り、せめてもの思いで発案した」

〝敢闘精神〞で立ち上がれと、関東の友を鼓舞し続けた池田先生。埼玉・上尾運動公園体育館での記念撮影会では〝大河の流れのような信仰を貫き、仲良く団結して前進を〞と（1971年10月）

聖教新聞の調べでは、先生が六五年からの八年三カ月で記念撮影した人数は、少なくとも延べ七十一万八五五〇人に及ぶ。

しかも、ただ写真に納《おさ》まるだけではない。撮影の合間《あいま》には〝もう会えないかもしれない〟という一期一会《いちごいちえ》の思いで真心の声をかけ、一人一人の報告に耳を傾《かたむ》けた。高熱を押して出席したこともあった。何回もフラッシュを浴《あ》び、目を痛めることも。まさに不惜身命《ふしゃくしんみょう》の激励行《こう》だった。

七二年（同四十七年）七月十四日、岩手県営体育館では十二回に分けて三六〇〇人との記念撮影を行《おこな》った。疲労困憊《こんぱい》で、出された食事も喉《のど》を通らない。それでも時間になると立ち上がり、同志のもとへ駆《か》け寄った。

この日、撮影を終えた先生は盛岡の会館に向かい、かつて小学生たちと交《か》わした〝約束〟を果《は》たしている。

きっかけは、先生のもとに、将来の夢《ゆめ》などがつづられた子どもたちの手紙が届いたこと。その時、先生は〝岩手に行った時に会いましょう〟と伝言を託《たく》し

牧口先生生誕の地・新潟、戸田先生との思い出深き長野。信越は師弟に生き抜いた池田先生の魂が刻まれている。会長辞任直後の夏、長野研修道場で未来部の友を励ます（1979年8月）

妙法の王子王女よ、立派な後継者に育ちゆけ――〝少年少女の集い〞で少年部員と綱引きをする池田先生。北陸の未来を担う友に限りない励ましを送る（1976年11月、石川文化会館で）

ていたのだ。

会館に着いた子どもたちを「よく来たね」と出迎え、本の見返《みかえ》しに励ましの言葉をしたためた書籍を贈《おく》っている。

「もう心配ないよ！」

第一次宗門事件の渦中《かちゅう》の一九七九年（昭和五十四年）四月二十四日、池田先生は宗門僧の理不尽《りふじん》な攻撃《こうげき》に終止符《しゅうしふ》を打ち、会員を守るために一切の責任を負って第三代会長を辞任《じにん》。師弟分断《ぶんだん》を画策《かくさく》した悪侶《あくりょ》と反逆者《はんぎゃくしゃ》らは、先生に〝会合で指導してはいけない〟〝聖教新聞に出てはいけない〟と押しつける一方、かさにかかって学会を攻撃し、同志を苦しめた。

この七九年のある日、神奈川文化会館で会合が行われた。その様子を会場の外でじっと聞いていた先生は、会合の進行を妨《さまた》げないよう、会場前方の扉《とびら》から、

四国は、私と共に「正義」の歴史を創り、「闘争」の歴史を残し、そして「勝利」の歴史を開いてきた——客船「さんふらわあ7」号で駆け付けた同志を見送る池田先生（1980年5月、横浜港で）

鳥取・米子文化会館で居合わせた同志を激励する先生。平和原点の広島、中国広布源流の岡山、開拓指導の山口、山光提言を贈った鳥取と島根——中国各地に師の励ましが光り輝く（1984年5月）

そっと入場した。

先生の姿に気付いた友が、歓呼《かんこ》の声を上げる。すると、先生は「私は話してはいけないことになっているから」と口に人さし指を当てた。

そして、会場内にあるピアノの方へ。「熱原《あつはら》の三烈士《さんれっし》」「厚田村《あつたむら》」など数曲を弾《ひ》くと、静かに会場を後にした。

この頃、同会館で幾度《いくど》となく見られた光景であった。

この第一次宗門事件で、大分は、悪侶の圧迫《あっぱく》に最も苦しんだ地域の一つである。寺に行くたびに聞かされるのは、先生や学会への悪口ばかり。同志は歯を食いしばり、理不尽《りふじん》に耐《た》えに耐えた。

先生は、八一年（同五十六年）秋から本格的な反転攻勢《はんてんこうせい》を開始した。〝最も苦しんだ同志のために〟と十二月十二日、大分・竹田《たけた》市の岡城址《おかじょうし》まで足を運んだ。

「もう心配ないよ！」

大分から熊本への途上、先生は大分・竹田の岡城址へ。宗門事件に苦しんだ同志の輪の中に飛び込んだ。師と共に歌った「荒城の月」。この日この時を思えば、九州に無限の力が湧き上がる（1981年12月）

雪空の下、勝ち鬨が響いた。逆境の友を励まそうと、冬の秋田に舞い降りた師の真心を東北の同志は忘れない。「心の財」は永遠に崩れない（1982年1月、秋田市内で）

駐車場に降り立った池田先生のもとに駆《か》け寄る友の紅潮《こうちょう》した顔、そして涙……。

その場に居合《いあ》わせた未入会の友がいる。学会が大嫌いだった。妻に「この日だけは」とお願いされて参加したものの、「宗教の指導者なんて、どうせ威張《いば》り散らしているんだろう」と決めつけていた。しかし、先生の振る舞いを目《ま》の当たりにし、予想は裏切られる。三カ月後には信心を始めた。

その友は、先生の姿を「庶民《しょみん》の海の中に飛び込んでいくようでした」と振り返る。

この出会いの後、先生は語った。

「会った人も大事だが、会わなかった人は、もっと大事だ」「旅の無事を祈り、真剣に題目をあげ続けてくださったんだ。その方々と、私は心で会った。その方々のおかげで、学会は勝ったんだ」

先生の心は、いつも、苦しんでいる友のもとへ飛んだ。

恩師の故郷である北海道・厚田の戸田記念墓地公園で行われた、開園15周年の勤行会。この日、公園には約1万人が参集。池田先生は車窓から「三代城」の同志一人一人に真心のエールを送った（1992年8月）

第52回本部幹部会で共に「常勝の空」を合唱。先生が「命を置いた」とまで信頼する、久遠の縁深き関西。ここから今再びの常勝不敗の大行進が始まる（2000年12月、関西戸田記念講堂で）

二〇〇〇年（平成十二年）二月二十九日には、兵庫・長田文化会館を訪問。集《つど》い合った友と勤行《ごんぎょう》した。

会場には、「阪神・淡路《あわじ》大震災」（一九九五年〈同七年〉）で最愛の父と子を失った友もいた。生き埋《う》めの中で九死に一生を得た同志もいた。

先生は力強く励ましを送った。

「人生は戦いです。幸福になるための戦いです」「どうか朗《ほが》らかに！　朗らかな人には、だれもかなわない。そして忍耐《にんたい》をもって生き抜《ぬ》いていただきたい」

この言葉は、今も同志の前進の力となり、師との誓《ちか》いとなっている。

広布の大ロマン

全国の友に希望の灯《ひ》をともし続けた池田先生は折《おり》に触《ふ》れ、二十一世紀が開幕する二〇〇一年（平成十三年）の五月三日から第二の「七つの鐘」を打ち鳴ら

富士を見つめ、横浜港の海原を望み、東海道で世界広布の指揮を執った先生。〝21世紀をよろしく〟。香峯子夫人と共に未来っ子にあいさつ(1989年2月、横浜・山下公園で)

すことを念願《ねんがん》してきた。

一九九七年（同九年）五月には、関西で二十三世紀後半までの壮大な新しい「七つの鐘」の構想を示している。

第二の「七つの鐘」となる二十一世紀前半の五十年では、アジアをはじめ世界の平和の基盤《きばん》を築《きず》き、第三の「七つの鐘」となる二十一世紀後半では「生命の尊厳《そんげん》」の哲学を時代精神、世界精神へと定着《ていちゃく》させる。

第四の「七つの鐘」となる二十二世紀前半には、世界の「恒久《こうきゅう》の平和」の崩《くず》れざる基盤をつくる。

その基盤の上に、第五の「七つの鐘」となる二十二世紀後半には絢爛《けんらん》たる人間文化の花が開き、それが実現すれば第六の「七つの鐘」、第七の「七つの鐘」と進み、日蓮大聖人の立宗一〇〇〇年（二二五三年）を迎える二十三世紀の半ばごろから、新たな展開が始まるであろう――と。

現在は第二の「七つの鐘」の前進の途上にある。先生はこの鐘が鳴り終わる

三重文化合唱祭で、「今日も元気で」等を歌った友の熱演にピアノで応える。この3カ月後、中部歌「この道の歌」を発表。これからも我らの決めた師弟の道を、中部の友は歌声高らかに進む（1978年4月、三重研修道場で）

学会創立一二〇周年（二〇五〇年）を展望し、こうつづっている。

「その時、仏法の人間主義の哲学が、どれほど世界を照らす太陽と輝《かがや》き、我ら創価の大連帯が、どれほど人類の平和の柱と仰《あお》がれていることか。私の胸《むね》は熱くなる」

この広布の大ロマンはつまるところ、「一人の励まし」に徹《てっ》し抜く行動によってのみ実現する。その方程式は全て、池田先生の行動の中に示されている。

第3章

世界に続く励ましの道

恩師の言葉を胸《むね》に

すでに会場には、五十一カ国・地域の代表一五八人が集まっていた。

グアムの空港から程近《ほどちか》い、白亜《はくあ》の国際貿易《ぼうえき》センタービルに池田先生ご夫妻が姿を現したのは、一九七五年（昭和五十年）一月二十六日の午前十一時過ぎである。ＳＧＩ（創価学会インタナショナル）の発足《ほっそく》となる「世界平和会議」が行われようとしていた。

先生は入り口に置かれていた署名簿《しょめいぼ》の前へ。ペンを手に取り、氏名を記《しる》すと、国籍の欄《らん》にはこう書いた。「世界」――。

万人《ばんにん》の平等と尊厳《そんげん》を説《と》いた仏法の眼《まなこ》から見れば、国や民族に違《ちが》いなどない。池田先生の胸中《きょうちゅう》には、恩師・戸田先生が生前《せいぜん》に示した「地球民族主義」という言葉が響《ひび》いていたのである。

「世界平和会議」に臨む池田先生（1975年1月26日、グアムで）

会議の席上、SGI会長に就任《しゅうにん》した池田先生は訴《うった》えた。

「皆さん方は、どうか、自分自身が花を咲かせようという気持ちでなくして、全世界に妙法《みょうほう》という平和の種《たね》を蒔《ま》いて、その尊《とうと》い一生を終わってください。私もそうします」

賛同と決意の大拍手が鳴り響く。参加者の誰《だれ》もが知っていた。今この場に自分が妙法を持《たも》ち集《つど》った事実それ自体こそ、先生が第三代会長就任以来、世界に励ましの種を蒔いてきた証《あか》しであることを。

負けてはいけない

「世界広布」という文字が初めて、見出しとして聖教新聞紙上を大きく飾《かざ》ったのは、一九六〇年(昭和三十五年)十月五日付の一面だった。池田先生が羽田の東京国際空港から初の平和旅に出発した三日後のことである。

国外への渡航《とこう》がまだ珍《めずら》しい時代。海外の会員数もわずか。〝世界〟の実感が乏《とぼ》しい当時の日本の同志が、どれほど胸《むね》を躍《おど》らせたか。国内で先生が巻《ま》き起《お》こしてきた折伏《しゃくぶく》・弘教《ぐきょう》の旋風《せんぷう》が、いよいよ海外でも――そんなイメージを抱《いだ》いた友もいたに違いない。

しかし、先生がこの旅で重視したのは、訴える以上に「話を聞く」ことだった。行く先々での座談会は主《おも》に、会員からの質問に耳を傾《かたむ》ける形で行われた。

ハワイ・ホノルルでの座談会。「日本に帰りたい」と言う、東北生まれの若い女性がいた。朝鮮戦争に従軍《じゅうぐん》した米国人と結婚。夫の郷里《きょうり》であるハワイへ移《うつ》り住む。だがそこに、夢《ゆめ》見た生活はなかった。言葉の壁《かべ》、経済苦、夫の暴力……。女性は「どうしていいのか、分からないんです」と肩を震《ふる》わせて泣きじゃくる。会場には似たような境遇《きょうぐう》の女性がほかにもいて、そこかしこから嗚咽《おえつ》がもれた。

先生は大きく頷《うなず》き、静かに語った。「毎日、苦しい思いをしてきたんですね。

辛《つら》かったでしょう。……でも、あなたには御本尊《ごほんぞん》があるではありませんか。信心というのは生き抜《ぬ》く力なんです」。さらに仏法の「宿命転換《しゅくめいてんかん》」の法理《ほうり》を通して真心《まごころ》の激励《げきれい》を重《かさ》ね、こう結《むす》んだのである。

「あなたが幸せになることは、あなた一人の問題にとどまらず、このハワイの全日本人女性を蘇生《そせい》させていくことになるんです。だから、悲しみになんか負けてはいけません」

サンフランシスコにも同様の女性たちがいた。ここでも先生は話に耳を傾け、渾身《こんしん》の励ましを送った。そして「市民権《しみんけん》を取得《しゅとく》し、良き市民に」「自動車の運転免許《めんきょ》を取る」「英語のマスター」という三つの指針《ししん》を示した。

遠くに理想を求めるだけでは現実は開けない。社会に根《ね》を張《は》り、今いる場所で信頼と幸福をつかむ生き方をしてほしいと望んだのだ。

1960年10月8日、訪米の際に訪れたシカゴの空港で、出迎えた友と記念のカメラに納まる

「あなた」が大切

ブラジルの座談会でも、池田先生は「自由に何でも聞いてください。私はそのために来たんです」と気さくに呼びかけた。

農業移民の壮年が「不作《ふさく》で借金を抱《かか》え、どうすればいいか……」と尋《たず》ねると、先生は答える前に「肥料《ひりょう》に問題は?」「土壌《どじょう》と品種《ひんしゅ》との関係は?」と具体的に尋《たず》ねた。「仏法というのは、最高の道理《どうり》なんです。ゆえに、信心の強盛《ごうじょう》さは、人一倍、研究し、工夫し、努力する姿となって表れなければなりません」と、仏法者の在《あ》り方《かた》を懇切丁寧《こんせつていねい》に伝えた。

先生がアメリカ、カナダ、ブラジルの九都市を巡《めぐ》る中で友に強調《きょうちょう》したのは、「布教《ふきょう》に努《つと》めよう」「会員数を増やそう」といったことではない。「あなたが幸福になることが大切だ」「あなた自身が信仰を貫《つらぬ》くことこそ大切なのだ」とい

皆さんは勝ちました！——18年ぶりに実現したブラジル訪問で、鼓笛隊や音楽隊をはじめ、若き友らに渾身の励ましを送る（1984年2月、首都ブラジリアで）

うメッセージだった。世界広布は、生きる希望を失いかけていた友、現実の課題と格闘《かくとう》する同志の心に〝勇気の灯《ひ》〟を点《てん》じることから始まったのである。

「それは、およそ世界の平和とはほど遠い、微細《びさい》なことのように思えるかもしれない。しかし、平和の原《げん》点《てん》は、どこまでも人間にある。一人ひとりの人間の蘇生《そせい》と歓喜なくして、真実の平和はない」（小説『新・人間革命』第一巻「旭日」の章）

先生のこの信念と行動は、その後

の激励行《こう》においても変わらなかった。

三カ月後の一九六一年（昭和三十六年）一月二十八日からアジアの香港《ホンコン》、スリランカ、インド、ミャンマー、タイ、カンボジアへ。さらに同年十月四日からは欧州《おうしゅう》のデンマーク、ドイツ、オランダ、フランス、イギリス、スペイン、スイス、オーストリア、イタリアを駆《か》けた。

まだ学会員が一人もいない国もあった。その大地《だいち》に染《し》み込ませるように、先生は胸中《きょうちゅう》で題目を唱《とな》え続けた。〝やがて、地涌《じゆ》の菩薩《ぼさつ》が必ず出現するように！〟と。

六二年（同三十七年）には中東・アフリカを訪問。六四年（同三十九年）にはオーストラリア、東欧《とうおう》・北欧《ほくおう》へ。七五年（同五十年）のＳＧＩ発足までに、先生は三十六カ国・地域に「励ましの種」「広布の種」「平和の種」を蒔いていった。

嵐《あらし》を越えて

広布《こうふ》が容易《ようい》に伸展《しんてん》した地域など一つもなかった。むしろ困難《こんなん》の連続であった。

戦前、日本の支配と侵略《しんりゃく》にあえいだアジアでは、〝日本の宗教〟というだけで、偏見《へんけん》や誤解《ごかい》を招《まね》き、非難《ひなん》の嵐《あらし》が吹き荒れた。台湾《たいわん》では一九六三年（昭和三十八年）に学会組織への解散命令《かいさんめいれい》が出され、六四年（同三十九年）には韓国政府が「布教禁止」措置《そち》を取り、学会は〝反国家的な団体〟との烙印《らくいん》を押されてしまう。

中南米各国では六〇～七〇年代に軍事政権が次々と樹立《じゅりつ》。集会が制限《せいげん》されるなど非常事態の中での活動が続き、池田先生が訪問することもままならない。

先生は各国・各地のリーダーに伝言を贈《おく》り、手紙を書いた。来日《らいにち》する友がいると聞けば時間をこじ開け、懇談《こんだん》の機会を持ち、今しかないとの思いで励まし続けた。

「焦《あせ》らなくていい。私が付いているから大丈夫だ」と大きく包み込む時もあれば、青年にあえて「まず、五年間、退転せずに頑張りなさい。今は苦しみなさい。本当の師子《しし》にならなければ、広宣流布《こうせんるふ》などできない！」と学会精神の真髄《しんずい》を打ち込むこともあった。一貫《いっかん》していたのは「この人を奮《ふる》い立たせよう！この人を不幸《ふこう》にさせてなるものか！」という熱情《ねつじょう》である。

また東西冷戦下《とうざいれいせんか》にあって、先生は海外の同志に「政治体制に左右《さゆう》されてはならない」とのメッセージを繰り返し発信し続けた。八一年（同五十六年）、まだ東西が分断《ぶんだん》されていたドイツで、ＳＧＩの存在理由を語っている。

「資本主義も行き詰《づ》まっている。社会主義も行き詰まっております。しかし、私どもは、それぞれの体制をうんぬんしようというのではない。どんな体制の社会であろうが、そこに厳《げん》として存在する一人一人の人間に光を当てることから、私たち仏法者の運動は始まります」

1983年6月、フランスからオランダに向かっていた池田先生は、途中停車したベルギーのブリュッセル南駅に降り立つと「さあ座談会をしよう！　第1回の座談会だよ！」と、ホームに集まっていた友の輪の中へ。停車時間は7分間。電車が走り出した後も、友が見えなくなるまで慈愛のまなざしを送った

各国・各地で一人また一人と同志が立ち上がり、良き市民として社会貢献《こうけん》を重《かさ》ねた。SGIへの共感と信頼は年々歳々《ねんねんさいさい》、その水かさを増していく。池田先生のリーダーシップをたたえ、勲章《くんしょう》を贈る国、名誉市民称号を贈る自治体や名誉学術称号を授与《じゅよ》する大学が相次《あいつ》いだ。

八七年（同六十二年）二月、ドミニカ共和国の国家勲章を受章した時のこと。メンバーが集った会合で、先生は受章した真情《しんじょう》を伝えた。

〝できるなら、この勲章のメダルを細《こま》かく分けて、一人一人に差し上げたい。皆さんは本当に苦労してきたのだから〟――そして続けた。「皆さん方が幸福になることが大事なんだよ。勲章をいただいたら、皆さんがこの国で学会活動しやすくなる。学会員が幸せになることが私の勲章だ」

新時代の山本伸一

学会破壊《はかい》を画策《かくさく》した邪宗門《じゃしゅうもん》の鉄鎖《てっさ》を断《た》ち切り、「創価ルネサンス」の飛翔《ひしょう》を開始した一九九〇年代、池田先生は世界を駆け、さらに平和・文化・教育の道を広げた。小説『人間革命』に続いて小説『新・人間革命』の連載《れんさい》を続けながら——。

その第一巻は主人公である山本伸一が、恩師・戸田先生から託《たく》された「君は世界に征《ゆ》くんだ」との使命を胸に、広布旅へ出発する場面《ばめん》から始まる。

小説は各国語に翻訳《ほんやく》され、世界中の同志にとって〝信心の成長の糧《かて》〟となった。池田先生と直接の出会いを結《むす》んだことのない青年たちも、先生の哲学と行動を学び、心で師匠と対話をしながら、「私が二十一世紀の山本伸一に！」と誓《ちか》い、広布に走った。

連載の開始時、一一五カ国・地域だった創価の連帯《れんたい》は現在、一九二カ国・地域にまで拡大した。二〇一八年（平成三十年）八月六日、全三十巻で脱稿《だっこう》した後も、〝新時代の山本伸一〟の陣列《じんれつ》はさらに拡大し、海外の同志は今や三〇〇万人に及《およ》ぶ広がりとなっている。

世界五大州から寄せられる創価の平和・文化・教育運動への称賛《しょうさん》の声も、やむことがない。かつて弾圧《だんあつ》にさらされた台湾ＳＧＩは行政院内政部《ぎょうせいいんないせいぶ》から、顕著《けんちょ》な社会貢献を果たした宗教団体として「宗教公益賞《こうえき》」を二十一回連続で受賞。韓国においても、各自治体・諸機関から池田先生ご夫妻への顕彰《けんしょう》が相次《あいつ》いでいる。

一六年（同二十八年）七月には、イタリア創価学会仏教協会とイタリア共和国政府との間で結んだインテーサ（宗教協約）が発効《はっこう》。また二三年（令和五年）、ドイツＳＧＩがヘッセン州政府から「公法社団法人」に認可《にんか》され、「ドイツ創価学会」として新たに出発した。

センセイ！　広宣流布は私たちに任せてください！――2023年9月、SGI青年研修会で来日した44カ国・地域のリーダーらが誓いのカメラに（東京・信濃町で）

——同年九月、研修会で来日した四十四カ国・地域の青年をはじめ全世界の同志に、先生はメッセージで呼びかけた。

「限りなく伸びゆく世界の〝山本伸一〟たちと共々に、地球民族の宿命転換を」

先生が生涯《しょうがい》において蒔いた「妙法という平和の種」は、訪問した五十四カ国・地域にとどまらない。不二《ふに》の宝友《ほうゆう》たちとの師弟共戦によって、全世界に蒔かれ、地涌の人華《にんげ》を咲《さ》かせている。

第4章

人類の宿命転換への挑戦

戦争ほど、残酷《ざんこく》なものはない

「一人の人間における偉大《いだい》な人間革命は、やがて一国《いっこく》の宿命《しゅくめい》の転換《てんかん》をも成《な》し遂《と》げ、さらに全人類の宿命の転換をも可能《かのう》にする」

小説『人間革命』第一巻「はじめに」の一文は、同小説と続編の『新・人間革命』を貫《つらぬ》く主題であり、同時に、池田先生自《みずか》らの人生を懸《か》けた挑戦《ちょうせん》の宣言《せんげん》でもある。

「戦争ほど、残酷《ざんこく》なものはない。戦争ほど、悲惨《ひさん》なものはない」

先生は一九六四年（昭和三十九年）十二月二日、沖縄の地で『人間革命』を書き起こした。沖縄は先の大戦《たいせん》で凄惨《せいさん》な地上戦の舞台となり、最も民衆が苦しんだ地の一つであったからだ。

そして池田先生自身もまた、その戦争に青春を奪われた青年の一人だった。

戦火の中の青春

一九二八年（昭和三年）、東京の現・大田区に生まれた池田先生は「日本中が異常《いじょう》なまでに、戦争の動向《どうこう》に関心を払《はら》わされた時代」（『私の履歴書《りれきしょ》』）に少年期を過ごした。

池田先生が、ビルマ（現・ミャンマー）で戦死した長兄・喜一氏と分け合った「母の鏡の破片」

九歳で日中戦争が勃発《ぼっぱつ》。十四歳を目前《もくぜん》に太平洋戦争が始まる。四人の兄は次々と兵役に取られた。強制疎開《きょうせいそかい》で家を追われ、移《うつ》った家も空襲《くうしゅう》で焼かれた。敗戦後には、長兄《ちょうけい》の戦死《せんし》の公報《こうほう》を受け取り、慟《どう》哭《こく》する母の背中を見た。自身の体は肺《はい》病《びょう》に侵《おか》され、生命の内にも外にも、常に死の影《かげ》がつきまとった。

「私は、戦争を憎《にく》んだ。民衆を戦争へと駆《か》り立てた、指導者を憎んだ」十七歳の夏に敗戦。多くの青年と同様、「こんな歴史を二度と繰り返さぬために、自分は何をすべきか」を先生は自問した。そんな中で、四七年（同二十二年）八月十四日の夜、戸田先生と出会う。

誘《さそ》われて出席した創価学会の座談会で、戸田先生に池田青年は三つの質問をする。「正しい人生とは」「真の愛国者とは」「天皇制について」。簡潔《かんけつ》で明快《めいかい》な答えが返ってきた。しかも、あの戦争で軍部《ぐんぶ》に抗《こう》し、投獄《とうごく》されたという。〝この人なら信用《しんよう》できる〟。池田先生は十日後に入信し、戸田門下生となった。

立正安国論に「すべからく一身《いっしん》の安堵《あんど》を思《おも》わば、まず四表《しひょう》の静謐《せいひつ》を禱《いの》るべきものか」と。信仰の道への出発は、世界平和への一歩ともなったのである。

社会への宣言

池田先生は三十歳になる目前、過去と未来の十年ごとの歩《あゆ》みを日記に書き残している。

十歳まで……平凡《へいぼん》な漁師《りょうし》（海苔《のり》製造業）の少年時代
二十歳まで……自我《じが》の目覚め、病魔《びょうま》との闘《たたか》い
三十歳まで……仏法の研鑽《けんさん》と実践《じっせん》。病魔の打破《だは》への闘い
四十歳まで……教学の完成と実践の完成
五十歳まで……社会への宣言
六十歳……日本の広布の基盤《きばん》完成

医師からは「三十歳まで生きられない」と言われた体。この時点では、六十歳より先は記《しる》されていない。

——一九六八年（昭和四十三年）九月八日。第三代会長就任から八年、四十歳を過ぎた先生は、大きく「社会への宣言」を放《はな》った。第十一回学生部総会で発表した「日中国交正常化提言《ていげん》」である。戸田先生が「原水爆禁止宣言《げんすいばく》」を行《おこな》ってから満《まん》十一年が、この日だった。

冷戦《れいせん》構造に加え、中国の文化大革命の影響で、日中関係は冷え切っていた。過去には、両国友好の復元《ふくげん》に努《つと》めた政治家が刺殺《しさつ》される事件もあった。厳《きび》しい社会情勢《じょうせい》の中、なぜ先生は命《いのち》の危険を冒《おか》してまで提言したのか。

「私が、発言するしかない！　私は仏法者だ。人びとの幸福と世界の平和の実現は、仏法者の社会的使命である」（小説『新・人間革命』第十三巻「金《きん》の橋」の章）。それが先生の真情《しんじょう》だった。

反発、警戒《けいかい》、さらには脅迫《きょうはく》——提言は内外に負《ふ》の反応を呼び起こしたが、一方で、中国文学者の竹内好《よしみ》氏が「光りはあったのだ」と評《ひょう》し、政界の重鎮《じゅうちん》・松村謙三《けんぞう》氏が「百万の味方を得た」と語るなど、両国関係の打開《だかい》を願う人々からは大きな支持が寄せられた。

中国「光明日報《こうみょう》」の劉徳有《りゅうとくゆう》記者は、提言を受け、いち早く本国に打電《だでん》。外交の全権《ぜんけん》を担《にな》っていた周恩来《しゅうおんらい》総理のもとにも、その報《ほう》は届いた。

七二年（同四十七年）九月に国交正常化が実現するまでの過程で、公明党が橋渡し役となったのも、党創立者である先生の提言への中国側の評価、とりわけ周総理の信頼があったからである。

池田先生は七四年（同四十九年）五月三十日、初めて中国の地を踏んだ。まだ直行便がない時代。英国領《えいこくりょう》だった香港《ホンコン》から列車で境界まで行き、鉄橋《てっきょう》を歩いて中国に渡《わた》った。

行程《こうてい》は約二週間。ある時、一人の少女に聞かれた。

「おじさんは、何をしに中国に来たのですか？」

先生は言った。「あなたに会いに来たのです！」

世界を平和と共存の時代へと動かす挑戦《ちょうせん》を続けながら、その視線は常に、庶《しょ》民《みん》の一人一人に向けられていた。

友誼《ゆうぎ》のバトンを

二度目の訪中の機会はその年のうちに訪れた。

周総理と池田先生の会見が実現したのは十二月五日。訪問最後の夜である。場所は北京の三〇五病院だった。

総理は当時、全身をがんに侵され、病床《びょうしょう》にいた。医師や周囲も反対する中、総理はそれを退《しりぞ》け、命を削《けず》る覚悟《かくご》で会見に臨《のぞ》んでいた。

総理は、ゆっくり歩み寄り、先生の手を握《にぎ》った。

「どうしてもお会いしたいと思っていました」

周恩来総理と池田先生が、一期一会の出会いを結ぶ。病身を押して会見に臨んだ周総理は日中友好の未来を池田先生に託した（1974年12月5日、北京の305病院で）

「池田会長は、中日両国人民の友好関係の発展はどうしても必要であるということを何度も提唱《ていしょう》されている。そのことが、私にはとてもうれしい」

「二十世紀の最後の二十五年間は、世界にとって最も大事な時期です」

総理から託《たく》された友好の志《こころざし》を受けて、先生は国交正常化後の第一号となる国費留学生を、自ら身元保証人となって創価大学に受け入れるなど、青年交流、教育・文化交流に心血《しんけつ》を注《そそ》いでいった。

池田先生の逝去《せいきょ》を受けて、中国の習近平国家主席が日本の岸田首相に宛《あ》てて弔電《ちょうでん》を送り、「池田先生は日本の著名な社会活動家であり、中国国民の古い友人」「中日国交正常化の実現に進んで奔走《ほんそう》し、中日各分野における交流と協力の推進に重要な貢献を果たされました」と述べたことには、こうした歴史の背景がある。

世界的な歴史学者

「二人で有意義に意見交換できれば幸いです」

日中国交正常化提言を発表した翌年、一通の書簡《しょかん》が池田先生のもとに届いた。差出人はアーノルド・J・トインビー博士。二十世紀を代表する歴史学の巨人である。対談は一九七二年（昭和四十七年）五月、イギリスの博士の自宅で実現した。

当時、ベトナム戦争が泥沼化《どろぬまか》。核兵器使用の脅威《きょうい》も高まっていた。七二年は、ローマクラブのリポート『成長の限界』が〝一〇〇年以内に地球上の成長が限界に達《たっ》する〟ことを示し、世界に衝撃《しょうげき》を与えた年でもある。

博士は、現代文明の危機を乗り越える道を示す高等宗教として、仏教に強い関心を寄せ、〝生きた仏教〟の指導者として、以前から先生に注目していた。

対談はこの時と、翌《よく》七三年（同四十八年）五月、年をまたいで約四十時間に及び、対談集『二十一世紀への対話』に結実《けつじつ》した。現在までに三十一言語で刊《かん》行《こう》され、いわば「人類の教科書」として影響を与え続けている。

トインビー博士「私たちの語らいは後世のため」

七三年の対談の最終日、イギリスのテレビは、ソ連の首脳と西ドイツ首相の会見を、大きく報《ほう》じていた。

それを見ながらトインビー博士は言った。「私たちの対談は地味《じみ》かもしれません。しかし、私たちの語らいは、後世の人類のためのものです。このような対話こそが、永遠の平和の道をつくるのです」

対談を終える際には、こうも語っている。「人類全体を結束《けっそく》させていくために、若いあなたは、このような対話を、さらに広げていってください。ロシア

公園を散策するトインビー博士（右から2人目）と池田先生。博士は対談について「最高に価値ある時間がもてました。学者として、これ以上の喜びはありません」と（1972年5月9日、イギリス・ロンドンで）

人とも、アメリカ人とも、中国人とも」

さらに、人を介《かい》して、一枚の紙片《しへん》を先生に託した。そこには「可能ならば、お会いしていただければ」と、米国の微生物《びせいぶつ》学者デュボス博士や、ローマクラブの創立者ペッチェイ博士などの名前が記してあった。

先生はこれらの人々をはじめ、世界の識者《しきしゃ》と二十一世紀を展望する語らいを繰り広げながら、言葉だけでなく自らの足で平和の橋を架《か》けていった。

「人間」に会いに行く

一九七四年（昭和四十九年）五月の初訪中に続いて九月八日、池田先生はソ連を初訪問する。

ヨーロッパに「鉄のカーテン」を下ろし、世界を二つに分断《ぶんだん》していた、社会主義陣営《じんえい》の〝盟主《めいしゅ》〟。その国に行くことに対して、「なぜ宗教否定の国に行くのか」等と、強い反発もあった。

先生の答えは「そこに、人間がいるからです」。

モスクワ大学のホフロフ総長、ノーベル文学賞受賞者のショーロホフ氏といった著名人だけでなく、宿舎《しゅくしゃ》の鍵《かぎ》当番の婦人、釣《つ》りをしていた老人と子ども、モスクワ大学の学生――市井《しせい》の人々や青年・学生に語りかけ、交流を結んだ。

あたかも、凍《い》てついた心の大地をとかすように――。

滞在《たいざい》の最終日、クレムリンで会見したコスイギン首相に「あなたの根本的なイデオロギーは何ですか」と問われると、先生は即答《そくとう》した。

「平和主義であり、文化主義であり、教育主義です。その根底《こんてい》は人間主義です」

「その原則を高く評価します。この思想を私たちソ連も実現すべきです」と首相。

今度は先生が問うた。「ソ連は中国を攻めますか」

当時、中ソ対立も、米ソ対立と同様に激しさを増していた。

首相は「攻撃するつもりはありません」。

先生が「それを伝えてもいいですか」と聞くと、「結構《けっこう》です」。

この発言は、三カ月後の先生二度目の訪中の際、中国首脳へ伝えられた。「この情報を周総理は非常に重視した」（中国・南開大学周恩来研究センター所長を務めた孔繁豊《こうはんほう》氏）とされる。

翌七五年（同五十年）一月、先生は米国でキッシンジャー国務長官と会談。米中ソの三カ国を巡り、平和と核戦争回避《かいひ》のための民間外交を展開していったのである。

新思考の指導者と

一九七〇年代に本格的に開始された池田先生の平和行動が、さらに大きく開《かい》花《か》していくのは、七九年（昭和五十四年）四月二十四日、第三代会長を辞任《じにん》し、名誉会長となってからである。

七五年（同五十年）の一月二十六日にSGI（創価学会インタナショナル）会長となっていた先生は、八二年（同五十七年）六月、第二回国連軍縮《こくれんぐんしゅく》特別総会に寄せ、核兵器廃絶《はいぜつ》を訴《うった》える提言を発表。翌八三年（同五十八年）の一月には1・26「SGIの日」を記念し、「平和と軍縮への新たな提言」を発表する。

以後、この記念提言の発表は二〇二二年（令和四年）まで続いた。

一九八九年（平成元年）十一月、ベルリンの壁《かべ》が崩壊《ほうかい》すると、翌年末に明らかになった宗門《しゅうもん》の謀略《ぼうりゃく》などはるかに見下《みお》ろしながら、先生の平和行動は、文明間、宗教間に対話の橋を架け、よりスケールが大きくなっていった。

八〇年代から九〇年代にかけて会見した国家元首・指導者には、統一ドイツのヴァイツゼッカー大統領、南アフリカのマンデラ大統領、キューバのカストロ国家評議会議長、インドのラジブ・ガンジー首相、シンガポールのリー・クアンユー首相、マレーシアのマハティール首相らがいる。

またアメリカ公民権運動の母ローザ・パークス氏、音楽家のユーディー・メニューイン氏、科学者のライナス・ポーリング博士、経済学者のジョン・ケネス・ガルブレイス博士ら、各界の識者と交友《こうゆう》を結《むす》んだ。

とりわけ、池田先生の逝去《せいきょ》の際、内外のメディアで大きく報じられたのが、ソ連元大統領のミハイル・ゴルバチョフ氏との友情である。

ゴルバチョフ氏とは、九〇年（同二年）七月二十七日、モスクワのクレムリンで初会見した。

氏は疲弊《ひへい》する社会の立て直しを図《はか》る「ペレストロイカ（改革）」を断行《だんこう》。前年十二月、マルタでの米ソ首脳会談で冷戦終結《しゅうけつ》を宣言し、ソ連の初代大統領に就任《しゅうにん》していた。

先生は開口《かいこう》一番、「きょうは、大統領と〝けんか〟をしにきました。火花《ひばな》を散《ち》らしながら、何でも率直《そっちょく》に語り合いましょう！　人類のため、日ソのため

青年たちの歌声に笑みを浮かべるローザ・パークス氏を池田先生が歓迎（1993年1月30日、アメリカ創価大学ロサンゼルス・キャンパス〈当時〉で）

に！」と。

氏は、思わぬ一言に、にっこり笑って応《おう》じた。

「わかりました。やりましょう！」

語らいは白熱《はくねつ》し、ペレストロイカの現状や意義、青年への期待などを巡《めぐ》って、一時間以上に及んだ。

会見で氏は語った。「ペレストロイカの『新思考《しんしこう》』も、池田会長の哲学の樹《き》の一つの枝《えだ》のようなものです」

さらに翌年春に訪日する意向《いこう》を明言《めいげん》し、日本でもこの発言が、その夜のトップニュースとして報じられた。約束通り、翌九一年（同三年）の四月、ソ連の国家元首《げんしゅ》として初の訪日を果たしたゴルバチョフ氏は、過密《かみつ》スケジュールの合間を縫《ぬ》って、先生と再会する。

大統領辞任後も、家族ぐるみの交流は続き、対談集『二十世紀の精神の教《きょう》訓《くん》』を発刊。計十度会談《かいだん》した。創価大学には、周恩来総理夫妻との友情を記念

ゴルバチョフ氏と池田先生がモスクワのクレムリンで初の会見(1990年7月27日)

する「周桜」「周夫婦桜《めおと》」と共に、ゴルバチョフ氏とライサ夫人が先生ご夫妻と植樹《しょくじゅ》した「ゴルバチョフ夫婦桜」が咲《さ》き誇《ほこ》っている。

生も歓喜　死も歓喜

指導者や識者との語らいとともに、池田先生が力を注いだのが、大学や学術機関《きかん》での講演だった。

なぜか。「人類は、大学において一致《いっち》できる。融合《ゆうごう》できる。学問は国家を超え、体制《たいせい》を超え、民族を超えるからだ」と先生は記している。

アメリカ屈指の名門・ハーバード大学では二度講演した。一九九一年（平成三年）九月の初講演が「ソフト・パワーの時代と哲学」をテーマとしたのに対し、九三年（同五年）九月の二度目の講演は「二十一世紀文明と大乗《だいじょう》仏教」と題《だい》し、仏法の生命観、生死観を真正面《ましょうめん》から論じた。

招聘を受け、アメリカのハーバード大学で2度目の講演に臨む池田先生。「21世紀文明と大乗仏教」と題して（1993年9月24日）

戦争など現代文明の混迷《こんめい》の根っこには、死を避《さ》け、死を忘れた人間の傲慢《ごうまん》さがあると指摘《してき》し、大乗仏教が説く「生《せい》も歓喜、死も歓喜」の哲理に触《ふ》れながら、生命尊厳《そんげん》と「開かれた対話」をもとにした人類文明の建設を展望《てんぼう》した。

約四十分の講演を終えると、会場を深い感嘆《かんたん》のため息と大拍手が満たした。

先生は、モスクワ大学（二回）、北京大学（三回）、イタリアのボローニャ大学、米コロンビア大学、キューバのハバナ大学、インドのラジブ・ガンジー現代問題研究所などで、人類の宿命転換に向けた、壮大《そうだい》な人間主義のビジョンを提示《ていじ》し続けていく。

永遠に平和の道を

池田先生は七十歳を迎えた一九九八年（平成十年）一月、随筆《ずいひつ》に記した。

「ここに、六十歳以降の、わが人生の歩みと推測《すいそく》を記せば、たとえば、次の如《ごと》くなる哉《かな》。
七十歳まで……新しき人間主義の哲理《てつり》を確立
八十歳まで……世界広布の基盤完成なる哉
このあとは、妙法《みょうほう》に説《と》く不老不死《ふろうふし》のままに、永遠に広宣流布の指揮《しき》をとることを決意する」
今、核兵器の問題、民族対立、気候危機など、古くて新しい課題が我々の前に立ちはだかっている。
だが、その解決のための方途《ほうと》と原理は、池田先生の声と対話と行動の中に全て示されている。あとは、後継《こうけい》の青年の行動にかかっている。

第5章

命を削《けず》るペンの闘争

山本伸一郎の名で

「燃えあがる信仰《しんこう》で　無辺《むへん》の言葉をわれはつくる」

池田先生は、そう詠《よ》んだことがある。

友を励《はげ》ますためには、わが身《み》を惜《お》しまない。しかし、直接会える人には限りがある。ならば、ペンの力《ちから》で希望を贈《おく》ろう。

人間の命は有限《ゆうげん》であるが、言葉の命は無限である。時代を超える普遍《ふへん》の仏法哲理《てつり》を、師弟の真実をつづり残そう。

それが池田先生の決意であり、行動であったに違いない。その言論闘争《とうそう》は、戸田先生のもとで薫陶《くんとう》を受けた青春時代に始まっていた。

池田先生が、恩師の経営する出版社・日本正学館《しょうがっかん》に初出勤《しゅっきん》したのは一九四九年（昭和二十四年）一月三日。二十一歳になった翌日《よくじつ》である。

若き日の池田先生が戸田先生のもとで編集長を務めた雑誌「冒険少年」「少年日本」

同年五月には、少年雑誌《ざっし》「冒険《ぼうけん》少年」（後《のち》に「少年日本」と改題）の編集長に就任《しゅうにん》。〝日本一の少年雑誌を！〟と、夢中で取り組んだ。

東京・西神田の小さな出版社で、連載《れんさい》の企画や原稿の依頼・受け取り、挿絵《さしえ》の依頼、レイアウトなど、一人で何役《なんやく》も担《にな》った。書き手の都合がつかない時は、「山本伸一郎」の名で自《みずか》らペスタロッチやジェンナーの伝記も書いた。

しかし、戦後不況のあおりで、戸田先生の出版事業は挫折《ざせつ》。会社は信用組合に業態《ぎょうたい》を変え、池田先生も編集の仕事を離れることになった。
しかし、その組合の事業も五〇年（同二十五年）夏にはいよいよ行き詰《づ》まり、戸田先生は絶体絶命の苦境に陥《おちい》る。その中で師弟は、新聞創刊の構想を語り合った。

この頃、戸田先生は池田先生に「なぜ、日蓮大聖人の一門《いちもん》は、あれほどの大難の連続も勝ち越えることができたのか」について論じている。

「大聖人は、お手紙を書いて書いて書き抜《ぬ》かれて、一人ひとりを励まし続けられた。だから、どんな人生と社会の試練にも、皆、負けなかった。この大聖人のお心《こころ》を体《たい》した新聞を、大作、大きく作ろうではないか！」

池田先生の陰《かげ》の闘争ありて窮地《きゅうち》を脱《だっ》した戸田先生は五一年（同二十六年）五月三日、第二代会長に就任。その直前の四月二十日、聖教新聞が創刊された。戸田先生は自ら健筆《けんぴつ》を振るった。創刊号の一面を飾った「信念とは何ぞや？」の記事も、コラム「寸鉄《すんてつ》」も手がけた。

弟子も懸命《けんめい》にペンを握《にぎ》った。「これでは、人の心は打たぬ！」「論旨《ろんし》が不明瞭《ふめいりょう》である！」と、師の訓練は厳しかった。戸田先生の膝下《しっか》で池田先生は、広宣の闘士の腕《かいな》を鍛《きた》えるだけでなく、ペンの剣《つるぎ》をも磨《みが》き上げていった。

妙悟空《みょうごくう》と法悟空《ほう》

戸田先生は「妙悟空《みょうごくう》」の名で連載小説も書いた。タイトルは『人間革命』。主人公の「巌九十翁《がんくつお》」は、小説の後半から自身がモデルになった。牧口先生と共に投獄《とうごく》された獄舎《ごくしゃ》で、〝われ地涌《じゆ》の菩薩《ぼさつ》なり〟と自覚する「獄中の悟達《ごだつ》」の場面で小説は終わる。

それでは、戸田先生が「巌窟王《がんくつおう》」となって、獄死した牧口先生の仇《あだ》を討《う》たんと広宣流布に一人立ち、七十五万の地涌の菩薩を呼びいだした後半生《こうはんせい》を誰《だれ》が書き残すのか——。

池田先生が、恩師の伝記小説をつづる決意をした主《おも》な契機《けいき》が三度あった。

一九五一年（昭和二十六年）春。戸田先生が、「聖教新聞」創刊号に載せる小説『人間革命』の原稿を書いたと語ってくれた時。

五四年（同二十九年）八月。恩師の故郷《こきょう》、北海道・厚田村（当時）に同行した時。

そして五七年（同三十二年）八月。戸田先生と最後の夏を過ごした長野・軽井沢での語らいである。

「先生の真実を記《しる》すことができるのは、私しかいない。また、それが先生の、私への期待であり、弟子としての私の使命であろう」と、池田先生は固く誓《ちか》ったのである。

六〇年（同三十五年）五月、弟子は第三代会長に。

六四年（同三十九年）四月、戸田先生の七回忌《き》法要の席上、恩師の伝記小説である『人間革命』の執筆《しっぴつ》を宣言する。

会長就任から四年。恩師の遺言である三〇〇万世帯を既《すで》に六二年（同三十七年）に達成し、青年会長のもと、学会は日の出の勢いで躍進《やくしん》を続けていた。六四年十二月二日、先生は沖縄の地で執筆を開始。翌六五年（同四十年）一月一日付から聖教新聞で連載がスタートした。ペンネームは「法悟空《ほう》」。仏法の原理に則《のっと》れば、〝妙〟が師、〝法〟が弟子となる。半世紀を超える〝師弟の物語〟が始まった。

激闘の中で

「新聞の連載小説は過酷《かこく》な作業である」と、池田先生は記している。まして、広布のため平和のため、東奔西走《とうほんせいそう》の日々。それでも、海外訪問や地方指導の折《おり》にも小説の構想《こうそう》を練《ね》り、原稿用紙に向かった。

一九六九年（昭和四十四年）十一月末ごろからは、いわゆる「言論・出版問題」が勃発《ぼっぱつ》。先生は一切《いっさい》の矢面《やおもて》に立った。

七〇年（同四十五年）二月九日付の聖教新聞から、第六巻「七百年祭」の章の連載が始まっている。当初は戸田先生の生誕日である「二月十一日」の開始を予定していたが、「一日も早く再開してほしいとの全国の読者の強い要望《ようぼう》等もあり」掲載《けいさい》が早まった、と記事にある。土曜、日曜は休載《きゅうさい》の予定だったが、読者の要望に応《こた》えて、休載は日曜のみになったとも。

学会丸を荒波《あらなみ》が襲《おそ》う中で、懸命《けんめい》に操舵《そうだ》しながら、先生はただ同志のために執筆を続けた。

体調を崩《くず》し、ペンを握《にぎ》ることができない日には、口述《こうじゅつ》し、テープに吹き込んだ。

第九巻「発端《ほったん》」の章の原稿には、欄外《らんがい》に「少々身体が疲れているので女房《にょうぼう》に口述筆記をしてもらいました」と記したものがある。この時、夫人が使用した小さな机《つくえ》は「香峯子《かねこ》机」と呼ばれた。

しかし、これほどの執念《しゅうねん》で続けた連載も、一時は休止を余儀《よぎ》なくされた。七九年（同五十四年）四月、第三代会長を辞任《じにん》。宗門の悪侶《あくりょ》と退転《たいてん》・反逆《はんぎゃく》の徒《と》らが結託《けったく》し、学会から師弟の精神を消し去ろうと画策《かくさく》していた。先生は行動を制《せい》限《げん》され、聖教新聞の紙面からも先生の指導の掲載が消えた。同志にとっては、暗夜《あんや》をさまようような日々であった。

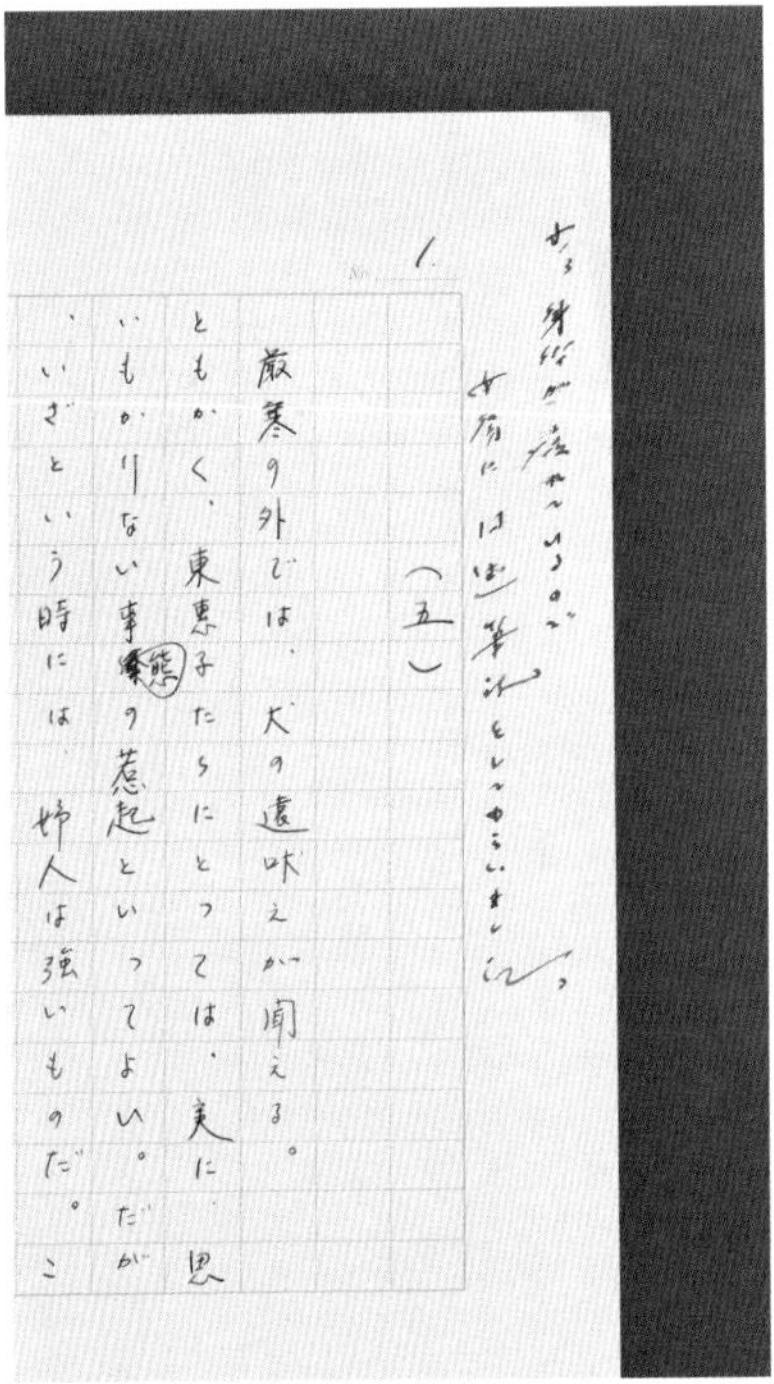
（五）
厳寒の外では、犬の遠吠えが聞える。
ともかく、東恵子たちにとっては、実に思
いもかけない事態の惹起といってよい。だが
、いざという時には婦人は強いものだ。こ

香峯子夫人が筆記した小説『人間革命』第9巻「発端」の章の原稿。欄外に池田先生の字で「少々身体が疲れているので女房に口述筆記をしてもらいました」とある

「このままでは、同志がかわいそうだ。励まそう。勇気を送ろう。『人間革命』の連載を開始しよう。そのための非難は、私が一身に受ければよい」

翌八〇年（同五十五年）七月、先生は二年間休載していた『人間革命』の再開を決意し、第十一巻の執筆を始める。体調が優《すぐ》れず、何度も体を横たえながら、担当記者に口述して、連載を続けたこともある。その一文字一文字が、同志の希望の光となり、反転攻勢《はんてんこうせい》への勇気の炎《ほのお》をともしていった。

「世界青年学会」の礎《いしずえ》は盤石《ばんじゃく》

小説『人間革命』は、一九九三年（平成五年）二月十一日、恩師の生誕九十三周年の日に連載が完結。十一月十八日からは続編となる『新・人間革命』の連載が開始された。その起稿の日は同年八月六日。恩師と最後の夏を過ごした、あの軽井沢がペンの闘争の起点となった。

第一巻の「はじめに」で、池田先生はつづっている。

「『新・人間革命』の執筆をわが生涯《しょうがい》の仕事と定《さだ》め、後世《こうせい》のために、金剛《こんごう》なる師弟の道の『真実』を、そして、日蓮大聖人の仰《おお》せのままに『世界広宣流布』の理想に突き進む尊《とうと》き仏子《ぶっし》が織《お》りなす栄光の大絵巻《だいえまき》を、力の限り書きつづってゆく決意である」

小説だけではない。九八年（同十年）一月からは「随筆　新・人間革命」の掲載も始まった。

二〇一八年（同三十年）八月六日、先生は『新・人間革命』の筆《ふで》を置き、九月八日に全三十巻の連載が完結。連載回数は『人間革命』『新・人間革命』を合わせて七九七八回。日本の新聞小説史上、最長の金字塔《きんじとう》である。

『新・人間革命』の最終章「誓願」の章には、〇一年（同十三年）十一月の本部幹部会で、先生が呼びかける場面が描《えが》かれた。

「どうか、青年部の諸君は、峻厳《しゅんげん》なる『創価の三代の師弟の魂《たましい》』を、断じて受け継《つ》いでいってもらいたい。その人こそ、『最終の勝利者』です」

場所は巣鴨の東京戸田記念講堂。後《のち》に先生の創価学会葬が営《いとな》まれた師弟の殿《でん》堂《どう》である。

一方、随筆の掲載は一九九八年（同十年）から二〇二三年（令和五年）十一月まで、幾度かタイトルを変えながら、二十五年間続いた。最後の掲載は十一月十五日、読者のもとに届いた。霊山《りょうぜん》へ旅立つその日である。

先生は、その最後につづった。

「『世界青年学会』の礎《いしずえ》は盤石《ばんじゃく》である。いやまして地涌の青年の熱と力を結《けっ》集《しゅう》し、地球民族の幸福の価値創造へ、『人材の城』を築き、『平和の園』を広げようではないか！」

聖教を主戦場に

「私は聖教新聞を主戦場として、創価の師弟の真実を永遠に刻《きざ》み残す決意で、一人一人に励ましの手紙を綴《つづ》る思いで、ペンの闘争に挑《いど》み抜《ぬ》いてきた」

東京・信濃町にある世界聖教会館の「聖教新聞　師弟凱《がい》歌《か》の碑《ひ》」には、池田先生の碑文が刻まれている。

まさに池田先生ありての聖教新聞。先生は自ら筆を振るうだけでなく、記者の育成にも力を尽くした。

かつて、ある宗教社会学者は「聖教新聞を見るたびに、私には池田名誉会長が『この記事で会員が本当に納得し、喜ぶか、満足するか』等とスタッフを厳しく叱咤《しった》しておられる声が聞こえてくるようです」と評したことがある。

小説『新・人間革命』にも、随所に聖教新聞の使命がつづられ、記者・職員を励ます場面が描かれた。

日刊化当時の奮闘《ふんとう》を描いた第十巻「言論城」の章に、会長の山本伸一が、紙面を講評《こうひょう》し、厳しくも温かいアドバイスを送る場面がある。

「最初の入り方が平凡だ。冒頭で、人の心をつかむことだよ」「体験談の文章というのは、生き生きとした状況の描写《びょうしゃ》が大事だ」「ともかく、新聞の生命は正確さだ」

記者だけではない。写真記者や整理記者、さらに広告や輸送・配達担当など、聖教を支える全ての職員に〝聖教魂〟を打ち込んでいった。

「聖教らしさ」とは何か。先生は書き残している。

第一に、どこまでも、広宣流布のための機関紙。民衆の幸福と平和のために立ち上がろうという思いが湧《わ》き起こる新聞。

第二に、全ての人が、真実の仏法とは何かを、よく理解することができる新聞。

東京・信濃町の世界聖教会館（2019年9月、池田先生撮影）。師弟の大言論城から、人間主義と生命尊厳の「希望の哲学」を世界に発信し続ける

第三に、読者に勇気と希望を与える〝励ましの便《たよ》り〟。

その範《はん》は、先生の言論と行動の中に示されている。

今や聖教電子版が二二二カ国・地域（二〇二四年三月現在）で閲覧《えつらん》される時代になった。「聖教新聞を、日本中、世界中の人に読ませたい」という戸田先生の熱願《ねつがん》は、池田先生のもとで現実になった。

聖教新聞は、師の薫陶《くんとう》のままに「人間の機関紙」の言論を届け続ける。何より池田先生の真実を伝え、友に勇気と希望を送る「師弟の機関紙」であり続ける。

〝一人〟を励ます

小説やエッセーに加えて、池田先生のペンは数限りない句や歌、短文や長編詩を紡《つむ》ぎ出してきた。「なんとか、わが友が、苦境を乗り越えて、その人らしい成長と逞《たくま》しい自信をもってくれればという、悲願《ひがん》にも似た心情から、できるだけ、一人一人に適《てき》するように書き送ったまでである」と先生はつづっている。

一九七六年（昭和五十一年）七月、先生は新しい学会歌の制作に取り組んでいた。一部のマスコミや宗門僧らによる、学会への攻撃が始まっていた頃である。

その中で誕生した「人間革命の歌」は、戸田門下にとっての「同志の歌」と同様、池田門下が生涯の師弟共戦を誓う魂の歌となった。

宗門事件の嵐が激しさを増した七八年（同五十三年）には、次々と各部や各方面の歌が生まれた。

学生部歌「広布に走れ」、未来部歌「正義の走者」、関西の歌「常勝の空」、東京の歌「ああ感激の同志あり」、東北の歌「青葉《あおば》の誓い」、中部の歌「この道の歌」、中国の歌「地涌の讃歌《さんか》」……。先生の魂の歌は、これからも同志の「正義の闘魂《とうこん》」を呼び覚《さ》ましていくに違いない。

桂冠《けいかん》詩人として

池田先生の詩は国境を越え、民族や宗教を超えて、人々の心を打った。

インドの教育者セトゥ・クマナン氏が創価池田女子大学を設立したきっかけも、詩人のクリシュナ・スリニバス博士から贈られた書籍で先生の「母」の詩を読み、「雷光《らいこう》を目にしたような衝撃《しょうげき》」を受けたからだった（「聖教新聞」二〇二三年十一月十七日付インタビュー）。

スリニバス博士は、先生に「桂冠詩人《けいかん》」の称号を贈った世界芸術文化アカデミーの事務総長であり、「世界桂冠詩人賞」を贈った世界詩歌協会《しいか》の会長でもある。

クマナン氏は語る。

「池田先生を師匠と決めたのは、先生の『詩』を読んだ瞬間《しゅんかん》です。詩人と詩人は、すぐに共鳴《きょうめい》するものです」「先生の詩は、どんな人にも分《わ》け隔《へだ》てなく力《ちから》を与えています」

「私は知りました。師匠とは、弟子が一番苦しんでいる時に『力』と『幸福』を与えてくれる存在なのだと」（同）

先生に「桂冠詩人」の称号が贈られることが決まったのは一九八一年（昭和五十六年）七月一日。

先生が桂冠詩人として初めて作詞した学会歌は「紅《くれない》の歌」であり、初めて詠《よ》んだ長編詩は「青年よ　二十一世紀の広布の山を登れ」であった。いずれも、宗門の迫害《はくがい》に苦しみに苦しみ抜いた地で、青年よ立ち上がれと、青年と共につくった共戦の詩歌である。

「青年よ　二十一世紀の広布の山を登れ」は十二月十日、訪問先の大分で苦《く》闘《とう》の同志を励ます反転攻勢の激闘《げきとう》の中で紡《つむ》がれた。

大分平和会館の管理者室で、先生の口述を五人の青年が必死に書き取る。青年たちは、先生が県の代表メンバーとの懇談《こんだん》に向かう間、必死で清書《せいしょ》に当たった。

懇談から帰った先生はすさまじい気迫《きはく》で「原稿はどうなった！」。

詩が発表される予定の大分県青年部幹部会は午後七時開始の予定。時間がない。続々と参加者が集《つど》い、会合開始は一時間早められた。それでも先生は真剣勝負で推敲《すいこう》し、直しの口述が終わった時、既に幹部会は始まっていた。

詩作は戦いであり、詩とはやむにやまれぬ魂の叫《さけ》びであった。

青年とは
希望とは
真実とは
広宣流布という
友のための法戦を
貫きゆくことなのだ――

（長編詩をもとにした歌「青年よ広布の山を登れ」）

その法戦の旗《はた》は今、いよいよ、二十一世紀を生きゆく我らの腕《かいな》に託《たく》された。

「希望を湧かせ、勇気を鼓舞する、人間讃歌を作りたいんだ」——「人間革命の歌」の完成に全精魂を注ぐ(1976年7月、創価文化会館〈当時〉で)

第6章

わが最終の事業は教育

「創価教育学体系」の奥付

一九三〇年（昭和五年）、小学校校長だった牧口先生は『創価教育学体系《たいけい》』を著《あらわ》した。その編集・出版に奔走《ほんそう》したのは戸田先生であった。

世界では経済恐慌《きょうこう》の嵐《あらし》が吹《ふ》き、日本では軍国《ぐんこく》主義の暴走《ぼうそう》が始まっていた時代である。

『体系』第一巻の奥付《おくづけ》には、発行日の「十一月十八日」の横に、印刷日が「十一月十五日」と記《しる》されている。

奇《く》しくも、創価教育の父は「11・18」に崇高《すうこう》な殉教《じゅんきょう》を遂《と》げ、創価教育の大《だい》城《じょう》を創立した池田先生は「11・15」に霊山《りょうぜん》へ旅立った。

先師と恩師の遺志《いし》を継《つ》ぎ、池田先生が築《きず》き上げた創価教育の連帯は今、地球規模で大きく広がっている。

『創価教育学体系』第1巻の奥付。牧口先生と戸田先生の師弟の結晶である同書の印刷日として、「11月15日」の日付が刻まれる

東京と関西にそれぞれ小学校から高校までの創価学園が創立。今や六十八カ国・地域の二五九大学（二〇二四年二月末現在）と交流を結《むす》ぶ創価大学、女子教育の殿堂《でんどう》たる創価女子短期大学に続き、新世紀開幕の二〇〇一年（平成十三年）には、米・アリソビエホ市にアメリカ創価大学が開学した。

幼稚園は札幌に次《つ》いで、香港《ホンコン》、シンガポール、マレーシア、韓国に誕生。ブラジル創価学園は幼稚園から高校までの一貫校《いっかんこう》に発展し、創価インターナショナルスクール・マレーシア（日本の中高一貫校に相当）の開校式が二〇二四年（令和六年）二月に行われた。

「大作、頼《たの》むよ」

創価教育の大城の建設——その夢は、苦境《くきょう》の中、師から弟子に託《たく》されたものだった。

池田先生が札幌創価幼稚園で園児と交流（1992年8月）。牧口、戸田両先生との縁深き天地で、子どもたちは「つよく　ただしく　のびのびと」のモットーのもと、健やかに成長する

一九五〇年（昭和二十五年）十一月十六日、都内の大学の学生食堂で戸田先生は池田先生に語った。

「大作、創価大学をつくろうな。私の健在なうちにできればいいが、だめかもしれない。そのときは大作、頼《たの》むよ。世界第一の大学にしようではないか」

この日、二十二歳の若き池田先生は、恩師の言葉を深く心に刻《きざ》んだ。学校の設立は、牧口先生の願いでもあった。

先師と恩師の熱願《ねつがん》を胸に、池田先生は、幼稚園から大学に至《いた》る一貫教育の構《こう》想《そう》を人知れず練《ね》り上げていく。

第三代会長に就任《しゅうにん》する一カ月前の六〇年（同三十五年）四月五日には、香峯《かね》子《こ》夫人と共に東京・小平《こだいら》にある創価学園の建設候補地を視察《しさつ》。敷地《しきち》の購入を決意している。

六四年（同三十九年）六月三十日には「世界の平和に寄与《きよ》する大人材を、大指導者をつくり上げていきたい」と、創価大学の設立構想を正式に発表。やがて設立審議会《しんぎかい》が発足し、建設が本格的に始動《しどう》した。

何のため

一九六八年（昭和四十三年）、東京・創価学園が中高一貫の男子校としてスタートした。

「一人も残らず、幸福に」——香峯子夫人と共に、創価女子短期大学を訪れた池田先生が「学問と人生と幸福」について特別講義（2002年10月）。短大で学ぶ乙女たちの歩みには、常に創立者ご夫妻の励ましがあった

七一年（同四十六年）には創価大学が開学した。大学紛争《ふんそう》に揺《ゆ》れる時代。行き詰《づ》まった大学界に希望の灯《ひ》をともすため、「人間教育の府《ふ》」の開学を二年早めた。

池田先生は設立資金を捻出《ねんしゅつ》するためにも、執筆《しっぴつ》活動に力を入れた。原稿を書きに書き、働きに働いた。著作の印税等を資金に充《あ》てた。教育理念に共感する多くの人々の支えもあった。建設予定地の整地《せいち》や清掃《せいそう》に汗《あせ》した人、事業に参加したいと真心の寄付《きふ》を申し出た人も多かった。

そうした無名の庶民《しょみん》の手によって創られた「民衆立《りつ》の大学」であることを、先生は折《おり》あるごとに創大生に語った。

〝いい大学に入り、いい会社に就職する〟ことが幸福という風潮《ふうちょう》がある中で、「大学で学ぶのは、大学に行けなかった人たちに奉仕《ほうし》し、貢献《こうけん》するためである」ことを何度も強調した。

創大開学に寄せて、先生は一対《いっつい》のブロンズ像を贈った。その台座《だいざ》には、こうある。

「英知を磨《みが》くは何のため　君よ　それを忘《わす》るるな」

「労苦と使命の中にのみ　人生の価値《たから》は生まれる」

二十一世紀とその先へ

学園や大学を創立後、池田先生は生徒や学生たちの中に飛び込み、自《みずか》らの姿を通して「人間教育」の範《はん》を示《しめ》していった。

ある時は、卓球やテニスなどを共にした。一緒《いっしょ》に釣《つ》りをしたり、俳句《はいく》を作ったりもした。西洋料理の会食会《かいしょくかい》に招待《しょうたい》し、テーブルマナーの基本を教えたこともある。

「教育というのは良い刺激《しげき》を与え続け、良い思い出をつくってあげることです」と教員に語っている。

成績不振《せいせきふしん》の生徒や、途中で退学することになった生徒も、ずっと見守り続けた。その中から大学教授など、使命の道で奮闘する友が誕生している。

全国各地から生徒が集まる東京の創価学園では〝夏休み前に地方出身者のための思い出づくりを〟と提案。そうして始まったのが、伝統行事となる「栄光祭」だった。先生は二十四年連続で出席し、学園生と時間を共にした。

「みんなと一緒に見てもいいかな」

第二回が行われた一九六九年（昭和四十四年）七月十七日、会場のグラウンドに到着した池田先生は、真っすぐに生徒席へ向かった。近くに座る生徒に名前や出身地などを尋《たず》ね、優《やさ》しく励《はげ》ます。舞台で繰り広げられる民謡《みんよう》大会や創作劇《げき》などに、惜《お》しみない拍手を送った。

先生は呼びかけた。

「二十一世紀の初めには、この一期生、二期生から、社長や重役《じゅうやく》、ジャーナリスト、あるいは、科学者、芸術家、医師など、あらゆる世界で、立派に活躍

創価学園から育った人材は、どんな人であっても、栄光輝く使命を担った存在である――池田先生が第2回栄光祭で万感の励ましを送る（1969年7月、東京・創価学園の第１グラウンドで）

する人がたくさん出ていると、私は信じます」

そして二十一世紀最初の七月十七日に、ここにいる全員で集い合おうと述べ、「私も、二〇〇一年を楽しみにして、諸君のために道を開き、陰《かげ》ながら諸君を見守っていきます。それが、私の最大の喜びであるし、私の人生です」と。

成長し、勝って創立者のもとへ！

――楽しい「思い出」は、学園生の大いなる「誓《ちか》い」となった。

「戦争の世紀」から「平和の世紀」

へ、教育に懸《か》ける先生の目は、常に二十一世紀とその先の未来に向けられていた。

わが子以上に大切に

開学以降、池田先生が初めて創価大学を公式訪問したのは、学生たちの真心の招待を受けた第一回創大祭だった(一九七一年〈昭和四十六年〉十一月)。先生は模擬店《もぎてん》などを巡《めぐ》り、創大生が懸命《けんめい》に作り上げた展示を観賞《かんしょう》。「よく研究したね。大変だっただろう」。学生たちをねぎらいつつ、三時間以上かけて全てを見て回った。皆が、夜遅くまで準備に当たっていたことを知っていたのである。

また、寮生《りょうせい》が開催した「滝山祭《たきやまさい》」の第二回(七三年〈同四十八年〉七月)には、三日間の全日程でキャンパスを訪《おとず》れ、学生たちを激励。最終日の盆踊《ぼんおど》り大

創価大学の第1回滝山祭に出席した池田先生。創大生が手作りした角帽をかぶり、学生たちの真心に真心で応えた（1972年7月）

会では、バチを握《にぎ》る手の皮《かわ》がむけるほど力強く太鼓《たいこ》を打ち続けた。

先生は常々、教職員に「わが子以上に、学生を大切にするんだよ」と語り、自らの一挙手一投足《いっきょしゅいっとうそく》で「学生第一」の精神を示した。「世界で一番、学生を大事にした大学が、世界で一番の大学になる。それが方程式《ほうていしき》です」と。

同年十月の第三回創大祭。企業のトップや就職関係者ら約七〇〇人の来賓《らいひん》を招《まね》き、祝賀会《しゅくがかい》が行われた。

「創立者の池田です。学生が就職

活動で伺《うかが》った折《おり》には、どうか、よろしくお願いします」。池田先生は一人一人に名刺《めいし》を渡《わた》し、深々《ふかぶか》と頭を下げた。体調が優《すぐ》れぬ中、汗びっしょりになりながら、約二時間、体育館中を歩き回った。新設校である創大に進学してくれた一期生たちのために、自らが企業の代表に会って、創大生のことをお願いしようと決めていたのである。

そんな創立者の姿に触《ふ》れ、一期生は奮起《ふんき》した。就職活動が始まり、会社訪問をしても指定校ではないという理由で断《ことわ》られることもあった。それでも、毅然《きぜん》としていた。

「私は結構です。しかし、私の後には、優秀な後輩《こうはい》たちが続いています。来年の後輩たちについては、どうかよろしくお願いします」

オイルショックによる不況で就職難となったが、一期生は名だたる企業から内定を勝ち取り、就職率一〇〇％を達成した。高い就職率の伝統は今も脈々《みゃくみゃく》と続いている。

地球規模で考える

海外平和旅を重ねる池田先生は、訪問先の絵はがきなどを学園生に贈り、世界市民の心を育《はぐく》んできた。

一九七三年（昭和四十八年）五月、歴史学者トインビー博士との対談などのためにヨーロッパを訪れた際には、パリでフランス人形を求め、「園子《そのこ》」と命名。この年に開校した創価女子学園に贈った。女子学園は八二年（同五十七年）から関西創価学園となり、東京の学園と共に男女共学校となっている。

学園生は、創立者を通じて世界を身近に感じてきた。

先生が交友を結《むす》んだ、欧州統合の父クーデンホーフ＝カレルギー伯爵《はくしゃく》、フランスの美術史家ルネ・ユイグ氏、世界的絵本作家ブライアン・ワイルドスミス氏など、東西の学園には、五〇〇〇人を超える海外の識者《しきしゃ》が訪れている。

正しい人生とは何か。先生は、識者の生涯《しょうがい》や古今東西《ここんとうざい》の偉人を紹介《しょうかい》しながら、学園生や創大生に語った。

九七年（平成九年）十一月二十日、錦秋《きんしゅう》の関西学園にゴルバチョフ元ソ連大統領夫妻が来訪《らいほう》。学園生との交歓《こうかん》の場で、先生はトルストイの寓話《ぐうわ》『若い皇《こう》帝《てい》』を紹介した。

――巨大な権力の座に就《つ》いた若き皇帝に、三つの声が呼びかける。

第一の声は〝あなたの責任は、与えられた権力を維持《いじ》していくことだけだ〟。

第二の声は〝自分の責任を上手に回避《かいひ》すればよい〟。

最後に第三の声は言った。〝「皇帝」としてではなく、「人間」としての責任を果たせ！　苦しむ民衆を救うために、行動せよ！〟

そして、先生は訴《うった》えた。

「第三の『人間指導者』の道を選択した勇者こそ、ゴルバチョフ博士であると、私は断言したいのであります」

池田先生ご夫妻が創価女子学園（現・関西創価学園）の授業参観へ。寸暇を惜しんで学園を訪れ、生徒たちと忘れ得ぬ思い出を刻んだ（1978年4月、大阪・交野市で）

先生は随筆《ずいひつ》に記している。

「日本の小さな物差《ものさ》しではなく、地球規模のスケールで考え、手を打っていけるリーダーが躍《おど》り出なければならない。私が『君たちの舞台は世界だ』と語り、学園生や創大生に、世界の指導者や一流の文化人や芸術と触れ合う機会《きかい》を数多く作ってきたのも、そのためである」

かけがえのない宝

「先生の夢《ゆめ》は何ですか？」

「みんな忘れないよ」「親孝行するんだよ」——修学旅行中の関西創価小学校6年生を激励(2005年9月、東京・八王子市の創価大学で)。学園生はわが命。万感の励ましは逝去の直前まで続いた

二〇〇〇年(平成十二年)二月二十八日、関西学園の卒業予定者との懇談《こんだん》で、女子生徒が尋《たず》ねた。

池田先生は「夢を考える暇《ひま》がないくらい忙しいんだよ。世界中のことを考えているから」とユーモアを交《まじ》えつつ、恩師の構想実現を夢として、一心不乱《いっしんふらん》に駆《か》けてきた人生を述懐《じゅっかい》。あふれる期待を込め、こう言葉を継《つ》いだ。

「皆さんが将来、名実《めいじつ》ともに立派な博士となり、指導者になってもらいたい。それが最大の私の夢

である」

先生は、学園生・創大生・短大生の卒業文集や署名簿《しょめいぼ》を「私のかけがえのない宝」とし、手元で大切にしてきた。同窓生の幸福勝利を祈《いの》り、励ましを送り続けてきた。

先生は詠《よ》んだ。

創価同窓の友の活躍を知るとき
どれほど　胸が弾《はず》むことか
悲しい知らせを聞くとき
どれほど　胸を痛めることか

この思いは
創立者でなければ

絶対に　わからない

私は永遠に　諸君と共にいる！
私は永遠に　諸君の味方である！

先生の心には、いつも創価教育の友がいた。そして同窓生の心に先生は生き続ける。
先生の夢は、創価教育のスクラムと共に、世界へ未来へ果てしなく広がっていく。

「希望」をつくり、「負けじ魂」を燃やし、断じて、断じて勝利の人生を！――未来へ羽ばたく鳳雛たちに温かなまなざしを注いだ池田先生ご夫妻（2000年3月、東京・小平市の創価学園で）

池田大作先生　略歴

- 1928年(昭和3年)1月2日
現在の東京都大田区に誕生
- 1947年(昭和22年)8月14日
創価学会の座談会に参加。生涯の師・戸田城聖先生と出会う
- 1947年(昭和22年)8月24日
創価学会に入信
- 1952年(昭和27年)5月3日
香峯子夫人と結婚
- 1954年(昭和29年)3月30日
青年部の室長に就任
- 1956年(昭和31年)7月
参議院選挙(大阪地方区)支援の責任者として勝利。「〝まさか〟が実現」と評される
- 1958年(昭和33年)3月16日
創価学会の後継の記念式典。戸田城聖先生から一切の後事を託される

●1958年（昭和33年）4月2日
〈戸田城聖先生が逝去（享年58歳）〉
●1958年（昭和33年）6月30日
総務に就任。創価学会の実質的な指揮を執る
●1960年（昭和35年）5月3日
創価学会第3代会長に就任
●1960年（昭和35年）10月2日
初の海外歴訪へ出発
●1961年（昭和36年）11月27日
公明党の前身である公明政治連盟を結成（公明党の結党は1964年11月17日）
●1963年（昭和38年）10月18日
民主音楽協会（民音）を創立
●1964年（昭和39年）12月2日
小説『人間革命』の執筆を開始
●1968年（昭和43年）4月
創価中学校・高校が開校

●1968年(昭和43年)9月8日
学生部総会で日中国交正常化提言を発表

●1971年(昭和46年)4月2日
創価大学が開学

●1972年(昭和47年)5月5日
歴史学者アーノルド・J・トインビー博士と、ロンドンの博士の自宅で初めて対談

●1975年(昭和50年)1月26日
創価学会インタナショナル(SGI)が発足し、SGI会長に就任

●1975年(昭和50年)5月27日
モスクワ大学から名誉博士号(以後、贈られた名誉学術称号は409に)

●1979年(昭和54年)4月24日
創価学会名誉会長に就任

●1983年(昭和58年)1月25日
1・26「SGIの日」を記念し、平和提言を発表(以後、40年にわたり毎年、「1・26」提言を発表)

●1983年(昭和58年)8月8日
「国連平和賞」を贈られる

●1983年(昭和58年)11月3日
東京富士美術館が開館

●1985年（昭和60年）4月
創価女子短期大学が開学
●1993年（平成5年）8月6日
小説『新・人間革命』の執筆を開始
●1996年（平成8年）6月26日
中米のコスタリカ共和国を訪問。海外訪問は54カ国・地域となる
●2001年（平成13年）5月3日
アリソビエホ市にアメリカ創価大学が開学
●2008年（平成20年）4月23日
SGIが192カ国・地域になったことを発表
●2013年（平成25年）11月5日
東京・信濃町の広宣流布大誓堂の落慶入仏式を行う
●2018年（平成30年）8月6日
小説『新・人間革命』全30巻を脱稿（小説『人間革命』と合わせ、連載回数は通算7978回）
●2023年（令和5年）11月15日
逝去（享年95歳）

主な著作・対談集

◆小説『人間革命』全12巻
◆小説『新・人間革命』全30巻
◆『池田大作全集』全150巻
◆『文明・西と東』
（欧州統合の父クーデンホーフ＝カレルギー伯爵）
◆『二十一世紀への対話』
（歴史家のアーノルド・J・トインビー博士）
◆『人生問答』（実業家の松下幸之助氏）
◆『人間革命と人間の条件』
（作家のアンドレ・マルロー氏）
◆『四季の雁書』（作家の井上靖氏）
◆『闇は暁を求めて』（美術史家のルネ・ユイグ氏）
◆『二十一世紀への警鐘』
（ローマクラブ創設者のアウレリオ・ペッチェイ博士）
◆『社会と宗教』
（宗教社会学者のブライアン・ウィルソン教授）
◆『「平和」と「人生」と「哲学」を語る』
（ヘンリー・キッシンジャー元米国務長官）
◆『「生命の世紀」への探求』
（科学者のライナス・ポーリング博士）
◆『二十世紀の精神の教訓』
（ミハイル・ゴルバチョフ元ソ連大統領）
◆『太平洋の旭日』（チリのエイルウィン元大統領）
◆『地球平和への探究』（パグウォッシュ会議創設者のジョセフ・ロートブラット博士）

大学・学術機関講演

カリフォルニア大学ロサンゼルス校　モスクワ大学　北京大学　グアダラハラ大学　ソフィア大学　ブカレスト大学　復旦大学　フランス学士院　マカオ・東亜大学　フィリピン大学　ハーバード大学　香港中文大学　ガンジー記念館　アンカラ大学　中国社会科学院　クレアモント・マッケナ大学　ブラジル文学アカデミー　深圳大学　ボローニャ大学　ハワイ・東西センター　トリブバン大学　サイモン・ウィーゼンタール・センター　コロンビア大学ティーチャーズ・カレッジ　ハバナ大学　ラジブ・ガンジー現代問題研究所

顕彰

国家勲章

ペルー　ドミニカ共和国　パナマ　コロンビア　アルゼンチン　ブラジル　タイ　オーストリア　フランス　パラグアイ　チリ　エルサルバドル　ブルガリア　ジブチ　キューバ　ベネズエラ　サンマリノ　ボリビア　モンゴル　イタリア　ロシア　韓国　コートジボワール　ラオス

主な名誉市民・州民・国民

カリフォルニア州　ロサンゼルス　ニューオーリンズ　ヒューストン　ニューヨーク州　イリノイ州　アトランタ　テキサス州　ボストン　シカゴ　サンフランシスコ　ホノルル　リマ　パナマ　サントドミンゴ　ブエノスアイレス　リオデジャネイロ　サンパウロ　アスンシオン　サンティアゴ　ハバナ　フィレンツェ　トリノ　カトマンズ　西安　広州　長春　台北　高雄　釜山　慶州　京畿道　トンガ王国　パラオ共和国　ミクロネシア連邦

主な名誉学位・名誉教授

モスクワ大学　国立サンマルコス大学　ソフィア大学　北京大学　復旦大学　武漢大学　サントドミンゴ自治大学　ブエノスアイレス大学　フィリピン大学　香港中文大学　アンカラ大学　中国社会科学院　ナイロビ大学　リオデジャネイロ連邦大学　国立アスンシオン大学　サンパウロ大学　ボローニャ大学　グラスゴー大学　トリブバン大学　マカオ大学　香港大学　デンバー大学　ハバナ大学　ガーナ大学　中山大学　南京大学　モンゴル国立大学　慶熙大学　デリー大学　サンクトペテルブルク大学　デラウェア大学　シドニー大学　王立プノンペン大学　モアハウス大学　上海交通大学　中国科学技術大学　中国文化大学　ヨルダン大学　パナマ大学　ハノイ国家大学　インドネシア大学　忠北大学　国立済州大学　ラオス国立大学　ザンビア大学　パレルモ大学　クイーンズ大学ベルファスト　ラバル大学　清華大学　マサチューセッツ大学ボストン校　タマサート大学　アルカラ大学　ウズベキスタン国立大学　ミネソタ大学　韓国外国語大学

写真提供／聖教新聞社
装幀／森坂芳友（デザインスタジオ サウスベンド）
本文デザイン・DTP ／株式会社スタンドオフ

池田先生の95年　師弟の力はかくも偉大

2024 年 5 月 3 日　初版発行
2024 年 5 月27日　４刷発行

編者　聖教新聞社
発行者　南 晋三
発行所　株式会社　潮出版社
〒 102-8110
東京都千代田区一番町 6　一番町 SQUARE
電話　03-3230-0781（編集）
03-3230-0741（営業）
振替口座　00150-5-61090
印刷・製本　株式会社暁印刷

ISBN978-4-267-02426-9 C0095

https://www.usio.co.jp/